KB125606

바보야, 결론'은 후반전이야

두상달·김영숙 지음

도서
출판 행복에너지

바보야,
결론은 후반전이야

초판 1쇄 발행 2022년 12월 1일
초판 2쇄 발행 2023년 1월 11일

지 은 이 두상달 · 김영숙
발 행 인 권선복
디 자 인 서보미
편   집 한영미
전 자 책 서보미
발 행 처 도서출판 행복에너지
출판등록 제315-2011-000035호
주   소 (157-010) 서울특별시 강서구 화곡로 232
전   화 010 - 3993-6277
팩   스 0303-0799-1560
홈페이지 www.happybook.or.kr
이 메 일 ksbdata@daum.net

값 20,000원
ISBN 979-11-92486-29-1 (13190)

* 저자인세는 사회공헌 기금으로 기증됩니다.

도서출판 행복에너지에서는 독자 여러분의 원고 투고를 기다리고 있습니다.
책으로 만들기를 원하는 콘텐츠가 있으신 분은 이메일로 간단한 기획서와 연락처를
보내주십시오. 행복에너지의 문은 언제나 활짝 열려 있습니다.

바보야, 결론은 후반전이야

두상달·김영숙 지음

　연극이나 음악에서 클라이맥스는 후반부에 있다. 운동경기도 후반전이 중요하다. 인생도 마찬가지이다. 끝자락이 중요하다.

　전반기에 관통하는 중요한 가치는 성장과 축성이었다면, 후반기에는 삶의 질과 가치 그리고 보람과 행복이다. 인생의 평가는 마지막 순간으로 구분되어진다. 마지막 장에 성공하는 자가 성공한 삶이다.

　세상만사는 준비가 필요하다. 준비가 기회를 만날 때 성공이 되는 것이다. 누구나 1등 할 수 없다. 그러나 누구나 행복한 삶을 살 수 있다.

　결혼이나 은퇴와 장수시대를 맞을 때도 준비를 해야 한다. 결혼생활도 결혼 예비교육을 받은 사람과 그렇지 못한 사람과는 확연히 차이가 난다.

　필자도 좀 더 일찍 가정의 원리를 알았더라면 '좀 더 훌륭한 아빠, 스마트한 남편으로 살 수 있었을 텐데…' 하는 아쉬움과 회한에 가슴이 아프고 시리다. 그런 교육을 받아본 일이 없는 무면허 남편 아버지로 준비 없는 가정생활을 한 것이다. 서투

르고 미숙한 것이다. 순기능이 아니라 역기능을 한 것이다. 모두가 가족을 사랑하지만 제대로 가족을 사랑할 줄을 모른다.

100세 시대다. 나도 잔디를 덮고 있을 나이에 잔디를 밟고 다닌다. 전인미답의 장수시대가 성큼 다가오고 있다. 은퇴와 장수도 준비로 맞이해야 한다. 은퇴와 장수가 준비된 자에는 축복이지만 그렇지 못한 경우에는 축복이 아니다. 오히려 고해 이고 괴로움일 수 있다. 얼마나 사느냐가 중요한 것이 아니라 어떻게 사느냐가 중요하다. 준비를 실패하는 것은 실패를 준비 하는 삶이다.

100세 시대를 살며 "How can I spend the last chapter of my life?"

후반전이 행복하고 아름다워야 한다. 후반전에 가장 중요한 것들은 무엇이고 또 어떻게 살아야 하나? 자문해봐야 한다.

끝이 좋으면 다 좋다. 후반전이 행복하고 아름다워야 한다.

운동 경기나 인생의 승패는 끝자락에 결정된다. 마지막에 웃는 자가 가장 잘 웃는 자이다. 100세 시대 은퇴는 무엇을 의 미하고 무엇을 준비해야 하나? 장수시대 중년의 은퇴는 잉여 인간군이 되는 것이 아니다. 새로운 목적지를 향한 출발점이고 축복의 전환점인 것이다.

은퇴했다고 The end가 아니라 The and로 살아야 한다. 안

전벨트를 푸는 것이 아니라 고쳐매는 것이다.

노년은 젊음으로 회귀할 수 없다. 그러나 청년답게 영원한 청년으로 아름다운 삶을 얼마든지 살 수 있다. 젊음이 아름답지만 나이 듦은 더 고귀하고 멋있는 예술작품 같은 삶이다. 은퇴 후에는 하는 일이 있어야 한다. 남들이 좋다고 하거나 원하는 삶이 아니라 내가 진정 하고 싶은 일, 내가 살아보고 싶은 삶을 사는 것이다.

내가 좋아하는 일 가슴 뛰게 하는 일에 인생을 걸어라. 삶에 너무 늦은 때란 없다. 봄꽃만 아름다운가? 아름답게 불타며 물들어가는 낙엽도 아름답다. 내 인생의 최고의 날은 아직 오지 않았다.

오는 세월을 아름다운 날개짓으로 올라갈 수도 내려갈 수도 있다. 각자 써내려 온 삶의 궤적도 중요하지만 지금부터 어떻게 사느냐에 따라 Happy ending이 될 수 있다.

자연수명보다 건강수명이 중요하고, 건강수명보다 역할수명, 행복수명이 더 중요하다.

가능하다면 기력이 쇠할 때까지 반은퇴를 하는 것이다. 쓸 돈도 있어야 한다. 축적된 돈은 쓰면 자산이고 남기면 유산이다.

자산가가 될 것인가? 유산가가 될 것인가?

전반전에 성취를 일구어 놓고도 마지막 장에 바보 같은 삶을 살 수 있다.

최소한 바보 같은 삶을 살았다는 말을 듣지 않아야 한다.

돈도 건강도 중요하다. 할 일도 친구도 있어야 한다. 그러나 더 중요한 것들이 있다.

죽음이 마지막 숨결로 다가올 때 한결같이 가장 아쉬워하는 회한은 남편 노릇 아버지 노릇 인간 노릇을 제대로 못 한 후회와 통곡들이다.

국가에서 무료치료, 무상복지를 해준다 해도 가장 훌륭한 복지 시스템은 가정과 배우자가 있는 것이다.

가정이 일차사업장이다. 돈은 조금 부족해도 부부관계가 좋으면 행복한 노년으로 살 수 있다.

여기서 얻은 인사이트가 도전과 공감이 되고 여생지락(餘生之樂) 행복하고 아름다운 후반전이 되기를 바란다.

모두가 행복하소서. 승리하소서.

스페로 스페라(Spero Spera).

카르페 디엠(Carpe diem).

바보야, 결론은 후반전이야!

2022년 11월

두상달·김영숙

CONTENTS

Chapter
2

성(性), 잘 쓰면 축복이나
일탈은 재앙이다

가정도
경영이다

호모 헌드레드

Homo Hundred

시대

또 하나의 바벨탑,
무한 장수시대

　20C 전반까지만 해도 100세 시대는 꿈이었고 불가능한 일이었다.

　그런데 그 꿈이 21C 초반에 현실이 되었다. 얼마 전까지만 해도 호모 헌드레드(Homo Hundred, 100세 인간) 시대의 도래에 호들갑 떨더니 이제는 120세 시대, 150세 시대가 오고 있다고까지 한다.

점점 늘어나는 인간의 수명은 몇 살까지가 될까?

"개똥밭에 굴러도 이승이 좋다"라는 속담처럼 많은 사람이 장수를 위해 노력해 왔다.

첨단 과학은 지금도 불로장생 현대 불로초를 연구하고 있다. 그래서 인간의 수명은 조금 더 늘어날 것으로 예상된다.

조선시대 27명의 임금 평균 수명은 46.1세, 고려시대 34명의 임금 평균 수명도 42.3세에 불과했다. 중국 최초의 황제로 백방으로 불로초를 구했던 장수의 아이콘 진시황제의 수명도 49세까지였다. 역대 중국 황제들의 평균 수명은 39세이고, 로마 황제들도 37세에 불과했다. 그러니 우리는 역대 황제들보다도 두 배 이상 장수의 축복을 누리고 있는 셈이다.

미국 생물학자 헤이트릭은 인간은 성장 기간의 5배까지인 125세까지 살 수 있다고도 했다. 인간의 세포가 1회 분열하는 시간이 2년 반 걸린다. 인간의 태아세포는 50회까지 분열할 수 있다. 그러니 2.5년×50회=125세라는 것이다.

생물학자들도 동물의 생존 가능 연수를 그 성장 기간의 6배까지로 치고 있다. 사람의 경우 20세까지가 성장기라면 그 6배인 120세까지 살 수 있다는 것이다.

21C의 에디슨이라고 불리는 구글의 엔지니어 레이 커즈와일은 "2030년에 500세 시대가 오고 2045년에는 신체 불멸의 무한 장수시대가 도래한다"라고까지 예언했다. 그는 유명한 과학자요 미래학자이기에 황당하기까지 하다.

나노와 로봇공학 생명공학의 발전은 인간의 수명을 연장시킬 수 있다. IT 기술 앞에서 질병은 오류이기에 그것을 바로잡으면 된다는 것이다.

이 때문에 앞으로는 제약회사가 의학의 주도권을 갖지 못한다. IT 제국들이나 생명공학 스타트업Startup이 지배하는 시대가 될 것이다.

미국 알코어재단 등 4곳에는 인간냉동보존연구소가 있어 350여 구의 인간이 냉동 보관돼 있다. 그들은 영하 196℃로 냉동하여 액체질소 탱크 속에 보관돼 있다. 많은 비용이 들어감에도 불구하고 보관신청자가 2,000여 명에 이르고 있다. 50~100년 안에 그들을 다시 해동 소생하는 시대가 온다는 것이다. 다시 깨어났을 때 세상은 어떻게 변해 있을까?

100년 전 공상과학이 오늘에는 현실이 되고 과학이 되었다. 120세, 150세 시대가 오고 시니어 르네상스 시대가 오고 있다.

내 아내한테 어느 날 "150세 시대가 오니 이제 겨우 반밖에 못 살았는데 아직도 우리는 75년을 더 살아야 돼" 했더니 "이이구, 나는 됐네. 당신이나 그렇게 살아요" 한다.

과연 과학이 어디까지이며 장수 생명공학은 어디까지 갈까?

무한 장수시대! 기대도 있으나 염려와 걱정이 따르기도 한다. 인간을 만든 창조 섭리에 어긋나는 또 하나의 바벨탑이 아니기를 소망한다.

장수시대를 맞아 노령화가 급속히 진행되고 있다. 그러면서 노인의 삶과 문제가 중요한 사회적 테마가 되고 있다. 시대에 따라 지나쳐왔던 인간에 대한 화두가 다르다. 19세기에는 '어린이 보호와 권리'가 확립되었다면, 20세기에는 '여성의 지위와 권리'를 찾게 되었다. 그리고 장수시대가 되면서 21세기에는 '노인을 발견'하게 되었다.

무한 장수시대! 후반전, 어떻게 살아야 하나?

100세 시대의
인생 후반전

100세 시대 후반전 어떻게 살아야 하나? 동물의 세계에서 생식과 사냥의 역할이 끝난 늙은 수컷은 가족에게 짐이된다. 그래서 무리에서 쫓겨나거나 외롭게 외톨이로 살다가 죽는다. 인간세계도 비슷하다. 그렇다. 은퇴 후에는 변신해야 한다. 설거지 청소도 해야 한다. 사랑 표현도 해야 한다. 지금까지 안 하던 짓도 해야 한다. 그래야 살아남는다.

일을 놓자 허전하고 외롭다. 지친 내 심신 어디서 위로를 받나?

자식들은 자기들이 스스로 큰 줄 알고 데면데면하다. 아버지를 존경하지도 않는다. 아내는 나를 '님'이 아닌 '남'으로 본 지 오래다. 한때 꽃처럼 예쁘고 가냘팠던 아내가 예전의 그 아내가 아니다. 유리그릇과도 같아 깨지기도 잘한다. 잔소리는 계속 해대고 억세다. 이제는 조심스럽게 다루어야만 한다.

은퇴를 생각하면 일단 숨이 막힌다. 도피할 곳이 없다. 그렇다면 정면 돌파밖에 없다.

삶의 주기가 길어져 이제는 100세 시대다. 재수 없으면 120세까지도 살아야 한다. 아직도 산 만큼 더 살아야 한다. 때론 살아야 할 날이 더 많이 남아 있을 수도 있다. 끔찍하지만 현실이다.

혹자는 끔찍한 것이 아니라 축복이라고 한다. 축복이 될 수도 있지만 재앙이 될 수도 있다. 하기 나름일 뿐이다.

나도 중년을 힘겹게 이겨냈고 지금도 건강하게 100세

시대를 바라보며 살아가고 있다.

예전 같으면 50대는 인생의 후반전이지만 지금은 인생 중반의 시작에 들어선 세대다. 인생이란 게임의 하프 타임일 뿐이다.

전 세대가 경험하지 못한 새로운 세대의 개척자이자 이전 세대와 신세대 사이의 낀 세대이기도 하다. 위로부터 눌리고 눈치를 보아야 하고 밑으로부터 밀리고 치받치는 세대다.

지금부터 50대를 어떻게 지내느냐에 따라 내 인생의 후반전이 결정된다. 크게 심호흡하고 인생을 다시 설계해 보자.

젊은 시절에는 일터가 중요하지만 나이가 들어가는 삶에서는 놀이터와 관계가 중요성을 갖게 되었다.

정년퇴직과 더불어 보람 있고 행복하게 살아가는 사람들이 있다. 가정으로 회귀한 것이다.

그런가 하면 극심한 부부 갈등으로 심적 고통을 겪는 사람들도 있다. 평생을 일 중심으로만 살아온 사람들이 겪는 시련이다. 성공을 향해 내달렸던 젊은 시절에는 아내도, 자녀들도, 친구도 보이지 않았다. 그래서 우리나라 압축경제는 아내들의 고독을 먹고 이루어 냈다고 한다.

평생 하숙생 노릇을 하다 집에 들어앉으니 답답하고 허전하다. 친구와 동료 그리고 사회로부터 전화 걸려오는 일도 드물다. 사회로부터 단절되니 쓸쓸하고 외롭다.

100세 시대 후반전 전략이 달라져야 한다. 전반전의 실수와 상처(관계)들을 점검하고 새로운 삶의 준비를 해야 한다.

수명 백세 시대에 돌입했다. 앞으로 노년기는 더욱 길어질 것이다.

긴 노년기를 건강하고 행복하게 젊고 의미 있게 살고 싶은가? 이제라도 3모작 인생으로 생존을 위해 가정을 챙기고 아내 중심으로 구도 변경을 해야 한다. 은퇴나 중년은 위기의 시기가 아니라 또 다른 축복의 시작일 뿐이다.

행불행의 1차 출발지는 가정이다. 가정에서 행복한 자가 행복한 삶이다. 가정에서 성공하는 자, 인생에서 성공한 삶이다.

치열한 세상에서 획득한 성취나 결과물을 가지고 행복을 누리고 나누는 장소는 가정이다.

은퇴 이전이 생계를 위한 삶이었다면 은퇴 후에는 새로운 자아발견과 자기성취, 그리고 행복이 중요하다. 그래서 전·후반전이 달라야 한다.

전반기를 관통하는 가장 중요한 가치가 성장과 축성이라면 인생 후반전에서는 의미와 보람, 가치, 행복, 나눔 이런 것이 중요하다. 물론 경제적인 면이나 건강도 중요하다. 그러나 가장 중요한 것은 인간관계다. 그중에서도 행복을 좌우하는 것은 부부관계이고 가정이다.

전 세계적으로 100세를 넘어 장수한 노인들을 보면 유독 부부 금실이 좋다고 한다. 독신 노인들은 고독과 우울증에 시달린다. 그러나 화목한 부부는 정서적 안정감과 심리적 행복감을 누리기 때문에 건강하고 장수한다.

03

70~80대에 성공한 남자

아침에 아내가 다림질하며 "여보, 당신은 성공한 남성이야"라고 말했다. 왜?

"70~80대 나이에 본처가 해주는 밥을 먹는 남자는 성공한 남자래. 거기에 본처가 옷까지 다림질해 주니! ㅎㅎㅎ"

짝이 없는 에덴동산의 아담은 쓸쓸했다. 사람이 독처하

는 것이 좋지 않아 돕는 배필이 필요했다. 피를 토하듯 노래하기로 유명한 가수 에디트 피아프는 "죽음보다 두려운 것은 외로움"이라고 말했다.

먼 여행길을 혼자서 간다고 생각해 보자. 팍팍하고 외롭고 힘들다. 그러나 함께 가는 동행자가 있다면 다르다.

인생도 그렇다. 혼자서는 힘들지만 짝을 지어 갈 수 있는 동반자가 있다면 다르다.

영화 〈슈퍼맨〉의 주연 배우는 크리스토퍼 리브이다. 건장한 체격에 잘생긴 얼굴. 그러나 1995년, 승마를 즐기던 그는 그만 말에서 떨어져 목뼈가 부러지는 큰 사고를 당했다. 그는 하루아침에 몸을 전혀 움직일 수 없는 전신마비 장애인이 되었다. 실의에 빠진 그는 죽음만을 생각했다.

'어떻게 하면 창문으로 다가가서 뛰어내릴 수 있을까.'

의사가 재활 운동을 권했지만 삶의 의욕이나 희망이 전연 없었다. 갑자기 장애인이 된 자신이 받아들여지지 않았다. 절망뿐이었다. 그러던 어느 날, 아내가 다가와 그의 뺨에 입을 맞추며 조용히 속삭였다.

"당신은 내게 여전히 멋진 남자예요. 나는 당신을 예전보다 더 사랑하고 있어요."

그는 아내의 격려 한마디에 큰 용기를 얻었다. 그래서 열심히 재활 운동을 한 끝에 회복이 되었다. 그리고 다시 영화에 출연하게 되었다. 다시 영화에 출연하면서 이렇게 고백했다.

"저는 건강할 때는 가정이나 아내에 대해 무심한 편이 었습니다. 삶의 절박한 위기를 겪고 나서야 아내의 사랑이 소중한 것임을 깨달았습니다. 아내가 없었다면 저는 끝내 자살하고 말았을 것입니다."

리브의 고백처럼 가정이란 평소에는 고마움을 모르고 살아간다. 그러나 위기 앞에서 가정은 안전한 피난처이자 위로의 장소이다. 그가 장애를 극복하고 제2의 인생을 시작하게 한 것은 의사의 치료보다 사랑하는 아내의 격려의 말이었다.

반면 사랑이 없는 가정은 작은 어려움에도 쉽게 무너진다.

주위에 모두가 부러워할 만큼 잘나가는 사람이 있었다. 금융계의 왕발로 승승장구하던 자다. 매일 24시간을 정력적으로 일했다. 새벽 별을 보고 출근하여 한밤중에 퇴근할 때까지 그야말로 일밖에 모르는 사람이었다. 그런 그가 중역 승진을 앞두고 돌연 자살했다. 청천벽력 같았다. 그가 열심히 일을 하면 할수록 그것은 죽음의 길이었다. 그는 가족과 진정한 대화를 나눠본 적이 없었다. 아내에게 자신의 번민을 털어놓지도 못했다. 만약 그가 아내와 친밀한 부부관계를 맺어왔다면 그렇게 극단적인 죽음을 맞지 않았을 것이다.

국가 정상이나 정상급 지도자의 자살도 그렇다. 세상에 소망이 없고 더 나갈 수 없는 처절한 상황 속에서라도 내 아내가 확실히 내 편이고 격려해준다면 남자들은 극단적인 선택을 하거나 결코 포기하지 않는다.

당신의 가정은 어떨까? 가족 중 누가 실패하더라도 어깨를 기댈 수 있고 끌어안고 품어줄 수 있는 안식처인가?

어떤 위기나 재난이 닥쳐와도 꼭 끌어안고 의지할 수 있는 가족이 있다면 당신은 행복한 사람이다. 70~80대에 밥해주는 동반자가 아직 살아있다고? 당신은 성공한 남자이다.

04

생각이나 삶을
리모델링 하자

얼마 전까지만 해도 거뜬히 즐길 수 있었던 운동이 갑자기 힘들어질 때가 있다. 존경과 선망의 눈으로 자신을 바라보던 자녀들의 눈빛이 연민과 동정의 눈빛으로 변한다. 평소 잘 다녔던 좀 가파른 계단을 나도 모르게 손잡이를 잡고 천천히 내려간다.

그렇다고 움츠러들지 말자. 삶의 태도와 외모에 따라 10살이 더 들어 보이거나 덜 들어 보이기도 한다(±10세). 은퇴 후 어떻게 사느냐에 따라 20세까지 차이가 날 수 있다. 누구든 외모나 정신적으로 젊게 살길 원한다. 습관이 생각을, 생각이 습관을 만든다.

삶의 만족도나 행복은 나이에 따라 다르다. 일반적으로 20, 30대는 비교적 행복지수가 높다. 그러다가 서서히 내

리막길을 달린다. 40, 50대에 최저점을 통과한 뒤 60, 70 대에 이르러 다시 올라간다. 선진국에서 가장 행복한 세대는 70대라고 한다. 소득이나 생활수준과 상관이 없다. 그리고 40, 50대 행복지수가 최저점이 된다는 것이다.

인간의 행복지수 곡선은 나이에 따라 유자형(U) 패턴을 보인다.

왜 그럴까? 심리학자들에 의하면 중년기에는 체력이나 건강이 옛날 같지 않다. 그리고 무력감이나 성취의 상실감이 있다. 그리고 삶의 의미에 대한 회의를 가진다. 건강에 대한 염려도 있다. 우울증이나 불안감에 젖어 들기도 한다. 바로 중년의 위기이다.

행복지수가 가장 낮은 이 시기를 생각만 바꾸면 행복하게 보낼 수 있다. 생활패턴이나 관점을 바꾸는 것이다. 그리고 생각이나 삶을 리모델링 하는 것이다.

지금까지 살아온 틀이나 고정관념에서 벗어나 안목을 바꿔 어제와 다른 나로 변신을 시도해 보는 것이다. 생업이나 관계에서, 생각이나 가치관에서 익숙해진 타성에서 리디자인 해보는 변신이다.

비교함정에서도 벗어나는 것이다. 마냥 행복해 보이는 이웃집 여자, 똑똑하고 잘생긴 남의 집 아이…. 다른 사람을 기웃거리며 비교하고 괴로워할 필요가 없다. 나만의 할 수 있는 분야가 있다.

또 부담 없이 만나 수다를 떨 수 있는 친구를 만드는 것도 좋다. 하고 싶은 말을 가슴속에 묻어두지 말고 호탕하게 웃고, 속내까지 허물없이 나눌 수 있는 그런 다정다감한 친구다.

진짜 중요한 것은 얼마나 즐겁게, 행복하게 사느냐다. 이 시대는 변화가 빠르고 재미있는 일도 많다. 나이 드는 것을 즐기며 난 매일 매일 기분 좋게 살기로 작정했다. 새로운 문화를 받아들이고 삶을 적극적으로 즐기려는 자세가 중요하다.

즐거움은 즐거움을 부른다. 행운은 행운을 부른다. 징징대는 사람은 만나기 싫다. 잔꾀 부리는 사람도 싫다. 사람은 누구를 만나느냐? 어떤 사람과 같이하느냐에 따라 품격이 달라진다. 삶이 달라지고 생각도 달라진다. 사람은 명랑하고 긍정적인 사람을 좋아하게 되어 있다.

인생은 만남의 연속이다. 그 만남이 맛남(味)이 되어야 한다. 잘못 만나면 쓴물이 된다. 좋은 사람이 좋은 세상을 만든다. "Better people, Better World" 반세기 역사를 갖은 (사)인간개발연구원의 모토이기도 하다. 나이 들어가면서 좋은 사람들과의 만남이 중요하고 사회적 역할도 있어야 한다.

첫째, 신앙을 가져라.

죽음 앞에는 순수해지고 쇼가 없다. 이때 신앙을 가진 사람과 그렇지 못한 사람과는 확연한 차이가 난다. 영생과 죽음의 대비이고 소망과 절망의 차이다.

둘째, 새로운 일을 배우고 도전하고 책도 보고 글도 써보라.

젊고 건강하게 살려면 의미 있는 일을 해야 한다. 세월에 기죽지 말고 당당하게 살아야 한다. 컴퓨터도 배우고 운동도 하고 자원봉사나 보람 있는 일도 해보자.

셋째, 몸을 움직여라.

동작 중지는 삶의 중지다.

넷째, 사랑의 대상을 만들라.

은퇴가 슬픈 것은 사랑의 대상이 없고 미래가 없다고 생각하기 때문이다.

내 아내는 36년간 매주 목요일 안양교도소를 간다. 36년 동안이나 교도소를 들락거린 최장기수이기도 하다. 재소자들에게 영어와 국어와 성경을 가르치며 상담을 한다. 아내는 교도소에서 봉사하면서 변화하는 재소자들의 모습을 보면 보람을 느낀다고 말한다. "내 이야기를 들어줄 사랑의 대상이 있고 깨닫게 하고 도전을 주고 삶이 변화되는 것을 보는 것은 큰 보람이지요."

다섯째, 자기 자신을 사랑하라.

나보다 나를 더 사랑하는 사람은 없다.

여섯째, 포용하고 내려놓고 베풀라.

나이가 들면 서운한 게 많아진다. 기대를 줄이고 내려놓으면 행복해진다. 먹은 셈, 본 셈, 받은 셈 쳐라. 자녀한테 존경받은 셈 치고, 효도 받은 셈 치고 사는 것이다. 그래 무엇무엇을 '~한 셈 치고' 처신하라는 말이다.

나이가 들어가면서 '빠삐따기성용'이다. '빠지지 말고,

삐지지 말고, 따지지 말고, 기죽지 말고, 성깔 부리지 말고, 용납하기'라는 의미다.

　삶을 변신해보고 리모델링 해보자.

　내 생애에 가장 멋진 날은 아직 오지 않았다. 내 인생의 가장 행복하고 의미 있고 보람 있는 절정기는 오늘 이후에 있다. 나는 오늘도 인생 최고의 황금기를 살아가고 있다. 날마다가 내 인생 최고의 날이니까.

바보야, 결론은 후반전이야

05

걸음걸이만
잘해도

나이가 들어가면서 하나같이 모션이나 몸놀림이 달라지기 시작한다.

걸음걸이만 보아도 대충 그 사람의 나이를 알 수 있다. 뒷모습을 보면 목과 어깨 부분이 앞으로 숙여 있다. 구부정한 모습에 팔 동작도 느리다. 발은 8자 걸음이다. 똑바로 걷는 11자 걸음이 아니다.

발을 내딛는 것도 민첩하거나 날렵하지 않다.

나는 누웠다 일어설 때도 가뿐하게 일어날 수 있었다. 그런데 최근 들어서는 그렇지 못하다. 얼마 전 낙상으로 골절이 되고 나서부터 더더욱 그렇다. 굼벵이같이 슬로모션으로 조심스럽게 일어나야만 한다. 내 몸이 예전 같지 않다.

나이가 들면 육체적으로 힘들고 느려지는 게 당연하다. 동작을 조금만 바꾸려 해도 "아이고!" 소리가 저절로 나온다. 옆에 있던 아내가 내가 "아이고(I go)" 하면 어디를 가냐며, 빨리 가게 되니 그런 말 하지 말라고 한다. 그런데도 "아이고" 소리가 절로 나온다. 몸놀림이 젊은이들과 같지를 않다.

그러나 주눅 들지 말자. 모션이 느려졌다고 삶이나 생각이 느려진 것은 아니다. 인상도 펴고 가슴과 어깨를 펴자. 고개를 바로 세우고 몸을 똑바로 추슬러 보자. 지금 이 정도 건강한 것을 감사하고 내가 살아있음에 감사하자.

내가 숨 쉬고 살아있음은 실존적 기적이다. 하늘을 날 수 있거나 물 위를 걷는 것만이 기적이 아니다. 오늘 내가 땅 위를 걸으며 살아있음이 기적이다. 남은 생애도 희망을 노래하며 기적의 연속을 만들어가자. 아름다운 인생 후반전, 주어진 재능과 탤런트에 따라 사명을 다하자.

희망과 사명으로 산다는 것은 축복이다. 바로 그것은 최고의 노화 방지 처방이기도 하다.

"보생와사(寶生瓦肆)"라는 말이 있다. 걸으면 살고 누우면 죽는다는 것이다. 걸음걸이가 느려져 멈추는 순간 삶이 끝난다.

미국 아인슈타인 의대 연구팀에서 실험한 일이 있다. 중년 50대를 출발선에 세우고 걷게 했다. 늦게 들어올수록 먼저 죽을 확률이 높았다.

걷는 속도와 건강과는 상관관계가 있다. 걸음 속도는 젊음과 건강의 상태를 나타내는 바로미터이기도 하다.

걸음걸이가 빠른 사람에 비해 걸음걸이가 느릴수록 뇌경색 위험이 1.69배나 높다고 한다. 걸음걸이가 빠를수록 치매 발병률도 낮다. 치매가 오게 되면 걸음걸이부터 느려지고 달라진다. 종종걸음을 걷거나 발을 끌게 된다.

나이 들었다고 늙은이 흉내 내지 말고 좀 더 당당해져

보자.

　웅크린 몸의 자세부터 똑바로 세우자. 가슴을 펴자. 허리와 어깨를 펴자. 얼굴 표정도 밝게 펴자. 발도 11자로 똑바로 하고 걸어보자. 발걸음도 조금 더 넓게 그리고 빨리 걸어보자. 걸음걸이만 잘해도 건강해질 수 있다.

　　　　　　　　　　　　　바보야, 결론은 후반전이야

06

참는 아내보다
대드는 아내가 오래 산다

우리나라에는 아직도 가부장적 문화가 많이 남아 있다. 그래서인지 부부싸움을 하면 아무래도 여자가 참아야 한다는 생각이 지배적이다.

결혼하고 15년이 지나도록 남편에게 억눌려 살던 아내가

있었다. 남편은 다혈질에 권위적인 사람이었다. 눈을 부릅뜨고 "여자가 어디서? 시끄러워!"라고 소리치면 아내는 절로 어깨가 움츠러들었다. 남편의 위압적인 태도와 말투가 무서워서 말대꾸조차 못 했다. 아내가 두 손 두 발을 다 들고 사니 부부싸움이 생길 리 없었다.

그러나 싸움이 없다고 행복한 것은 아니었다. 아내는 밖

에 나가서도 어딘가 소심하고 자신감이 없었다. 그러던 어느 날 '까짓거! 죽으면 죽고 살면 하는 거지' 하는 생각이 들었다.

마침내 참기만 하던 아내가 부부싸움을 한판 신나게 벌였다. 있는 힘껏 소리치고 울고불고했다. 15년 동안 가슴속에 맺힌 응어리가 다 풀려나가는 느낌이었다. 참고 살지 않으면 세상이 뒤집어지는 줄 알았는데 아무 일도 일어나지 않았다. 지구가 도는 것도 멈추지 않았고 세상이 끝장나지도 않았다. 놀라서 아무 말도 못 하는 남편을 등지고 서자 슬며시 웃음이 비어져 나왔다.

'아이고 시원해라! 15년 묵은 체증이 쑥 내려가네.'

한판 시원하게 해대고 나니 오래 묵었던 마음의 병이 서서히 나아가기 시작했다. 자신감도 조금씩 되살아나고 표정도 훨씬 밝아졌다.

미국 보스턴에 있는 이커연구소가 10년 동안 3,700명의 주민을 대상으로 연구 조사한 결과를 보면 참는 아내보다 싸우는 아내가 더 오래 산다고 한다.

참고 사는 아내는 싸우고 사는 아내보다 심장병 등 각종 질병에 걸릴 확률이 4배나 높게 나타났다. 물론 아내로부터 무시당하고 자존심을 짓밟히며 사는 남편 역시 심장질

바보야, 결론은 후반전이야

환에 걸릴 확률이 높았다.

캘리포니아 대학의 한 심리학자는 암이 발생하기 쉬운 성격 유형이 있다고 밝혔다. 평소 마음에 들지 않아도 드러내 놓고 불평을 못 하는 사람이다. 또 절망적인 상황으로 인한 우울 상태가 지속될 때도 암에 걸리기 쉽다고 한다.

어떤 결혼생활을 하느냐가 건강과 수명에 큰 영향을 미친다는 이야기다. 그러나 밖으로 표현되지 않는 감정은 지하수처럼 안으로 스며들어 고이고 썩는다. 눈에 보이는 외상은 치료하면 되지만 마음의 상처는 쉽게 드러나지도 않는다. 그 결과는 몸과 마음의 질병으로 나타난다.

울분이 배어 있는 순종은 순종이 아니다. 한이 맺히는 인내도 인내가 아니다. 독소일 뿐이다. 울분이 있으면 눈물로 기도로 울부짖어라. 하나님께 고발하고 풀어라.

아내들이여! 참으면 병이 된다. 마음도 몸도 병든다. 얼굴도 미워진다. 슬프면 울고 화나면 싸워라! 그래야 건강하게, 예쁘게 오래 산다.

100세 시대 한심스러운 노인 시리즈

1. 일찌감치 재산상속 다 해주고 자식한테 용돈 타 쓰고 있는 자

2. 오래 살았다고 환갑잔치, 칠순잔치 거덜 나게 하는 자

3. 손주 양육하느라 여행이나 동창회도 못 가고 혈변 누는 자

4. 입만 벌리면 "왕년에 내가"로 자뻑하는 자

5. 갈 자리, 나설 자리 구분 못 하고 끼어들어 큰소리치는 자

6. 60 넘었다고 8자 걸음 하며 노인 행세 하는 자

7. 나이 들어 집 평수 늘려가는 자

8. 나이 많은 척하며 콧털이나 수염도 깍지 않고 모임에 나오는 자

9. 몸매 생각지 않고 성형 수술하거나 정력제만 챙기는 자

10. 음식 반찬 만들어 아들 아파트 경비실 통해 계속 갖다주는 자

07

돈, 건강, 아내
그중에 제일은?

유병장수, 무병장수 그중에 무병장수는 축복이다.

시중에 회자되는 "99세까지 팔팔하게 살다 2, 3일만 앓고 죽자"라는 말이 있다. 그것은 삶의 마지막까지 건강하게 살다가 병고는 짧게 겪고 세상을 떠나기를 바라는 마음일 것이다.

지금은 100세 시대이다. 100세까지 장수하는 게 중요한 게 아니라 건강하고 행복하게 사는 것이 중요하다. 거기에 삶의 질과 의미는 더 중요하다.

그래서 인간은 웰빙(well-being)으로 살다가, 웰 에이징(well aging) 하고, 웰 다잉(well dying) 해야 한다. 웰빙은 사람답게 사는 것이고, 웰 에이징은 건강하고 자연스럽게 잘 늙어가는 것이고, 웰 다잉은 품위 있고 존엄하게 생을 마감하는 것이다.

연령대별 생존확률이 있다. 80세가 되면 생존확률은 30%이다. 85세가 되면 15%이며 90세가 되면 5%밖에 되지 않는다. 90세가 되면 100명 중 95명은 세상을 떠난다는 이야기다.

옛날에 호걸이나 제왕들도 누리지 못했던 장수의 복을 오늘 세대는 누리며 살고 있다. 나도 잔디를 덮고 누워있어야 할 나이다. 그것도 두세 번 갔어야 한다. 그런데 지금 잔디를 밟고 다니고 있다.

2020년 기준으로 한국인의 평균 수명은 83.5세다. 남자는 80.5세이고 여자는 86.5세이다. 2010년에는 평균 수명이 80세가 넘는 국가가 10개 국가에 불과했지만 2020년에는 31개 국으로 늘어났다. 100세 노인도 많아졌다. 주민등록 통계에 따르면 2022년에 2만 명을 넘어섰다고 한다. 일본은 10만 명에 이르고 있다. 그 증가세는 급증하고 있다. 110세 이상을 살고 있는 슈퍼센티네리언(Supercentenarian)만도 세계적으로 400~500여 명에 이르고 있다. 연령지진이 일어나고 있다.

그런데 이 늘어난 나이가 건강 수명이 아니다. 건강한 것은 70대 초반까지이고 그다음부터는 병골 수명이다. 70대 무렵부터 각종 병에 시달리는 것이다. 마지막 10년 이상의 기간에는 많은 사람이 여러 가지 질병에 노출되어 있다. 평균 수명 증가가 건강 수명 증가를 의미하지 않는다. 따라서 건강 수명은 길수록 좋고 질병 기간은 짧을수록 좋다. 장수에 건강까지라면 금상첨화다.

건강 수명에 이어 행복 수명도 있다. 남성들은 젊어서 열심히 성을 쌓기만 하면 은퇴 후 안전하고 행복할 것이라 확신한다. 그러나 이는 큰 착각이다.

행복은 은퇴와 더불어 갑자기 배달되는 선물이 아니다. 행복이란 즐겁고 기분 좋은 시간들이 길고, 행복한 기억들이 많아야 한다. 오늘 행복하지 않으면 내일 행복하기가 쉽지 않다.

어떤 거대 담론보다 오늘 일상의 소소한 일들에서 재미를 찾아 감사할 수 있어야 한다. 남자들은 이 작은 일들의 중요성을 지나치거나 잘 몰라서 가정에서 천덕꾸러기가 된다. 돈은 같이 벌었지만 삶을 같이 즐길 줄 모른다. 그래서 부부가 같이 있는 것보다 혼자 있는 것이 편할 수 있다.

인간은 어떻게 사느냐에 따라 자기의 수명의 길이가 결정된다. 오래 사는 것도 중요하지만 삶의 질을 높여야 한다. 소소한 일이라도 사회에 기여할 수 있고 자기의 존엄을 지킬 수 있어야 한다. 즐겁고 행복하고 당당하게 나이가 들어가야 한다.

나이가 들어가면서도 건강하고 멋지게 살아가는 품격있는 남성들이 있다. 또한 아름답게 나이 들어 곱고 품위 있어 보이는 여성들을 보면 '자기관리를 참 잘했구나' 하는 생각이 든다. 우아하게 나이가 들어간다는 것은 큰 축복이다.

특별히 노부부가 오손도손 정겹게 살아가는 것은 장수의 요인이 된다. 일본의 히메지 공대 연구팀의 발표에 의하면 남성은 배우자가 없는 경우 배우자가 있는 것보다 사망 가능성이 80% 이상 높은 것으로 나타났다.

남성의 경우 아내의 생존 여부가 수명연장에 절대적으

로 도움이 된다. 아내의 건강은 남편의 건강에도 큰 영향을 미친다. 남편은 아내가 건강한 경우 그렇지 못할 때보다 훨씬 더 건강하며 유병 발생률이 6분의 1로 줄어든다는 것이다.

노년에는 배우자의 건강이 곧 나의 건강이다. 배우자가 있음이 큰 축복이다. 그래서 부부가 서로 건강을 챙겨주어야 한다.

중년 이후의 여성들에게 가장 인기 있는 남편상이 무엇인가 물어보았다. 어떤 사람일까?

멋있는 남자, 돈 있는 남자, 매너가 좋은 남자가 아니다. 집안일을 잘해 주는 남자, 자상한 남자 이것도 아니란다. 그러면 무엇일까? '집 비워주는 놈'이라고 한다.

나이 들어갈수록 남자들은 아내가 있어야 한다. 죽을 때까지 할 일이 있고 역할이 있어야 한다. 그리고 아내 따까리가 되어야 한다. 노년에는 돈, 건강, 아내 이 세 가지는 항상 있어야 하는데 그중에 제일은 아내니라.

08
잔소리 들을 때가
그래도 좋을 때

나는 내가 그렇게 잔소리를 많이 하는 줄 몰랐다.

어느 아침이었다. 일어나자마자 발치에 아무렇게나 널려 있는 남편의 양말을 보고 "여보, 양말 좀 빨래통에 갖다넣어요" 했다. 남편이 나를 보더니 "당신 눈 떴어?" 하고 짓궂게 말했다. 그런데 갑자기 웃음이 터졌다. 오, 정말 내가 눈 뜨자마자 남편에게 잔소리를 시작했나 보다. "눈만 뜨면 잔소리야?"라고 꽥 소리 지를 수도 있는데 "당신 눈 떴어?" 하고 슬쩍 짓궂게 말하니 웃음이 터졌던 것이다.

아내의 잔소리에 대처하는 남편의 단수가 높아졌다. 그러고 보니 그동안 나는 계속 남편을 가르치고 훈련해서 정리 정돈이 습관이 되게 하려고 그랬던 것 같다.

내 남편은 어질러놓는 명수다. 가히 달인급이다. 깔끔하게 청소한 목욕탕에도 들어가자마자 온통 물세례를 퍼붓고 나온다. 우리 집에는 모든 물건이 다 바닥에 깔려 있거나 치쌓여 있다. 신문 보고 일어선 자리에도 낱장으로 마루에 흐트러져 있다. 식탁 의자 5개에도 의자마다 다 옷이 걸려 있다. 문고리에도 걸고 문 위에도 건다. 치워 놔도 그때뿐이다. 그러니 내가 잔소리를 안 할 수 없다. 잔소리한다고 좋아지지도 않는데 말이다.

한번은 성경을 읽는데 "소가 없으면 구유는 깨끗하려니와 소로 인하여 얻는 것도 많으니라" 하는 말씀이 마음에 울림이 되었다. 그래, 남편이 없으면 집안도 깔끔하고 깨끗하겠지. 그러나 남편 때문에 얻는 것이 얼마나 많은가? 그 때문에 죽고 사는 것도 아닌데 이젠 잔소리하지 말아야

지 하고 결심했다. 그런데도 잘 안 된다.

　아내의 잔소리에 질렸을 내 남편에게 미안하기도 하다. 남편은 자기가 우리 집에서 '잔소리추방대책위원장'이란다. 잔소리는 누구나 싫어한다. 자녀들도 물론이다. 그런데 부모라는 이유로 가르쳐야 한다는 마음으로 무엇인가 끊임없이 교훈하고 잔소리한다. 아이들은 부모의 잔소리를 귀 막고 잘 듣지 않는다. 대신 아이들과 소통하는 것이 좋다. 재밌던 일이나 속상했던 일, 친구 이야기 등등 느낌을 나누고 감정을 어루만져주는 말을 해주는 것이다. 잔소리는 마음속에 반감만 일으킬 뿐이다. 나도 잔소리를 들으면 속으로 삐죽거린다. 그러니 말해 무엇하랴.

　지금 남편은 회원 한 사람 없는 자칭 '잔소리추방대책위원장'이다. 하지만 회원 모집을 하면 아내의 잔소리에 질린 남편 가입자가 수도 없을 것 같다.

　특히 은퇴한 후 아내로부터 똑같은 잔소리를 계속 들으니 견딜 수 없다고 호소해 오는 경우가 있다. 반복적으로 계속되는 지나친 잔소리는 화가 될 수 있다. 그러나 잔소리에 관한 연구발표가 있다.

아내로부터 잔소리를 들은 남편이 그렇지 않은 남편보다 장수한다는 것이다. 아내의 잔소리를 피하기 위해 머리를 굴려야 하고 빠져나갈 구멍을 찾아 두뇌 회전을 해야만 한다. 그것이 항상 자극과 긴장이 되어 치매가 늦게 오고 장수한 다는 것이다. 그러니 이제부터는 배우자 잔소리에 토 달지 말고 감사해야겠다. 잔소리 들을 수 있을 때가 그래도 좋은 때다. 얼마 있으면 힘이 없어 잔소리할 수도 없는 날이 올 수도 있고 잔소리할 대상이 없을 수도 있으니….

나는 오늘도 변함없이 잔소리추방대책위원장인 내 남편한테 잔소리를 한다. 내 남편을 사랑하니까, 오래오래 건강하게 살도록!

09

중년의 위기
10/40 Crisis

　인생의 첫 번째 위기가 사춘기라면 두 번째 위기는 중년의 위기이다.

　장수시대가 되면서 중년의 기간이 길어졌다. 중년이 되면 사람들은 "내 몸이 예전 같지 않네, 이렇지 않았는데"라는 말을 입에 올리기 시작한다. 나도 중년이 되었을 때

'아, 이제 살아온 날보다 살날이 더 적게 남았구나!' 이런 자각을 했다.

중년기는 왠지 의기소침해지고 불안해지며 자기연민이 생기게 된다. 내면을 들여다보고 성찰하며 내 인생이 이렇게 끝나면 어쩌나 하는 허무감도 생긴다. 젊음의 상실감, 건강의 상실감, 성취의 상실감 그리고 자기 정체감 등등 불안과 초조함을 겪게 된다.

특히 남성에 비해 여성들에게는 그 증상이 심하다. 자기 존재감이 낮아지고 의욕도 저하된다. 길거리의 젊고 화사한 여자들과 비교해 봐도 어쩐지 위축이 된다. 우울증이 오기도 한다.

중년기의 생물학적인 특징으로는 기억력이 예전 같지 않고 정신력도 떨어지고 근육도 허물어진다. 배둘레햄이 증가하고 머리카락도 빠진다. 몸도 추웠다 더웠다를 반복한다. 중년의 여인과 사는 남자 중 영웅 소리를 듣는 사람은 지구상에 없다.

심리적 타격도 크다. 어느 날 거울을 보다가 '아! 저 사람 누구야?' 하는 생경한 마음도 든다. '뭐 하나 해놓은 게 없는데 벌써 이렇게 되었나' 하는 자기 연민도 생긴다.

나는 오래전 너무 뒤떨어지는 거 같아서 디지털 신문을 구독한 일이 있다. 아이쿠, 무슨 말인지 용어들을 당최 알 수가 없다. 용어를 이해해야 신문을 읽지 않는가. 그래서 서너 달 보다가 끊어버렸다.

하다못해 TV 광고도 다 못 알아들으니 어찌하랴? 오죽하면 디지털을 "뭐? 돼지털?" 하는 광고 카피가 나왔겠는가. 점점 모르는 것이 많아진다.

이 시기는 자녀들로부터도 따돌림당하고 아이들의 반항기와 겹쳐서 여간 곤혹스러운 게 아니다. 10대 자녀를 두고 위로 부모를 모시고 있는 40대의 위기는 바로 10/40 Crisis Syndrome이다.

불혹으로 시작되는 중년은 위기이자 기회다. 인생의 절정기인 하프 타임의 언저리. 이 시기는 안전벨트를 다시 매고 후반전을 위해 이륙해야 하는 때다.

행복한 노년은 중년의 삶의 내용에 바탕을 둔다. 중년에 뿌린 씨앗은 노년에 거두기 때문이다.

고령화 시대의 장수는 선택이 아니라 당연이고 필수다. 준비 없는 장수는 고통이고 재앙이다. 준비된 사람들에게 노년은 축복이다. 노년은 노년대로 더더욱 아름다운 연륜들이다.

살아있다는 존재 자체가 축복이다. 덤으로 주어진 G.G(gained generation) 세대로 보너스의 삶이다.

생로병사(生老病死)의 한 생에 누구나 '병'과 '사'의 과정으로 가기 전 노년은 성숙과 완숙으로 가는 시기다. 중년을 알차게 살아감으로 노년을 완숙과 보람으로 엮어가자.

10
은퇴 남편
증후군

일본에 부원병(夫源病)이란 말이 있다. 남편 때문에 생기는 병이다. 특별히 남자의 은퇴는 아내에게 짐이 되고 두통거리가 될 수 있다. 은퇴 후에는 엄처시하로 들어가는 것이다.

그래 시중에는 처국(妻國) 진인사대처명(盡人事待妻命)

처화만사성(妻和萬事成) 처하태평(妻下太平) 인명재처(人命在妻)

바보야, 결론은 후반전이야

라는 말까지 회자되고 있다. 엄처시하에 사는 두 남자가 만나 서로 서글픈 푸념을 하고 있었다. 그들 뺨에는 새파 랗게 피멍이 들어 있었다.

한 사람은 자기 아내가 동창회에 다녀오더니 태도가 확 달라졌다고 했다. 동창회에 가보니 동기생들은 남편이 죽 어 다들 편안하고 자유로운 생활을 하고 있는데, 자기만 남편이 살아있어 힘들게 한다며 아내가 구박하고 때린다 는 것이다.

또 다른 한 남자는 아내가 곱게 단장하고 외출하기에 어 디 가느냐고 물었다가 볼때기에 피멍이 들도록 맞았다고 했다.

은퇴한 남편들이 설 자리가 없다. 추락하는 남자의 위상 을 풍자하는 개그지만 현실은 현실이다.

"일 놓자 숨 놓는다"라는 말이 있다. 평생 일이 전부였던 사람들은 은퇴하고 나면 삶의 의미가 송두리째 사라지는 것 같은 공허함을 느낀다. 은퇴 후에 초조함이나 불안감에 시달리는 이유다. 은퇴 후 크레바스(crevasse)를 지나는 일종 의 심리적인 공황기를 겪는 것이다. 일이 전체였고 목표였 는데 그것이 사라진 것이다.

은퇴 후 6개월에서 1년 사이에 급격히 건강이 악화되는 사람도 있다. 갑자기 백발이 되거나 폭삭 늙기도 한다. 심지어는 일찍 숨을 거두기도 한다.

은퇴 후 극심한 부부 갈등으로 심적 고통을 겪는 사람들도 있다. 은퇴 증후군을 앓는 남편과 달리 아내들도 R.H.S(Retired Husband Syndrome), 즉 '은퇴 남편 증후군'이라는 열병을 치르게 된다. 은퇴하고 집에 돌아온 남편 때문에 아내가 겪는 스트레스나 심신의 피로, 우울증 같은 증상이다.

나이가 들수록 삶의 외로움을 느끼는 쪽은 남자다.

여자는 마흔을 넘기면서부터 여성호르몬의 분비가 줄면서 점차 중성화를 지나 남성화된다. 젊었을 때와 달리 대담해지고 터프해진다. 나이가 들면 여우 같던 아내도 호랑이로 변한다. 반면 남자는 점점 기백이 사라지고 소심해진다. 젊어서 아내를 호령하던 기세는 사라지고 호랑이 같은 아내에게 '깨갱!' 꼬리를 내릴 수밖에 없다.

젊었을 적엔 전권을 휘두르고 살던 나도 이제는 아내에게 잘 보이기 위해 설거지를 도맡는다. 늙어서 구박받지 않으려는 생존전략이자 노후 대책이다. 한마디로 일찍 주제 파악을 한 것이다.

목표지향적, 일 중심적으로 살아가는 사람들이여! 이 긴 노년기를 건강하고 행복하게 보내고 싶은가? 힘차고 의미 있게 살고 싶은가? 아니, 구박받지 않고 인간답게 살고 싶은가?

지금, 한 살이라도 젊었을 때 빨리 주제를 파악해라. 볼때기에 피멍이 들지 않으려거든, 아니 노후 생존을 위해서 배우자한테 목숨을 바쳐라.

11
은퇴 후
생존을 위한 팁

은퇴 이혼이라는 말이 있다. 은퇴와 더불어 유예해왔던 이혼을 당하는 것이다. 은퇴는 본인에게 큰 변화이고 충격이다. 일상으로 회복하는 데 어려움이 있다.

바보야, 결론은 후반전이야

은퇴와 더불어 가정불화가 시작된다. '회사인간'이던 50대 남성들이 퇴직 후 가정 회귀병(兵)이 된다. 이 무렵 아내들은 폐경기에 접어든다.

은퇴 남편과 갱년기 아내의 심리적 특성을 서로 이해하지 못해 갈등이 생긴다. 부부 사이가 **나쁘면** 은퇴와 더불어 관계가 악화된다. 그러나 사이가 좋으면 서로 관계가 더 밀착된다.

은퇴 남편의 심리적 특성은 무엇일까?

은퇴한 남편에겐 트라우마가 있다. 최선을 다해 살았고 성취도 했지만, 현재는 그것들을 놓았다는 상실감과 소외감, 고독감, 단절감에 우울하다. 매일 나가던 일터가 없다는 것은 큰 상실감이다. 이 시기 정서적으로 불안정한 갱년기 부인에게 남편의 은퇴는 스트레스를 가중시킨다.

아내에게도 예민하고 힘든 시기일 수 있다. 갱년기 후 증상이다. 육체적인 문제가 80%다. 이 시기는 아내가 정서적으로나 육체적으로 질환을 앓고 있다는 것을 인식해야 한다.

"당신 종일 뭘 했다고 피곤하다고 해?" "평생 가족을 위해 고생한 나에게 이럴 수 있어?"

남편이 이렇게 말한다면 상황은 심각해진다. 은퇴 후 남편에게 아내는 없어서는 안 되는 필수요건이다. 그런 아내가 지금 몸과 마음이 아프다. 예전 같지가 않다. 일도 버겁고 힘도 달린다. 그러니 아내도 도움이 필요하다.

은퇴 후 퇴직금으로 스크린골프장을 시작한 사람이 있다. 다행히 잘됐다. 그러나 갱년기에 접어든 아내가 예민한 반응을 보였다.

아내는 자신의 젊음이 사라진 것에 대한 상실감이 있다. 그런데 남편이 새 사업에 재미를 느끼고 여직원과 웃으며 이야기하는 모습을 보면 왠지 싫어진다. 의심까지 들어 바가지를 긁는 자신이 초라하게 생각되었다. 우울하고 눈물이 났다. '나한테는 한 번도 웃어주지도 않던 저 인간이…'

갱년기엔 남편에 대한 원망이 생긴다. 남편이 괜히 얄밉다. '난 이렇게 힘든데 저 인간은 팔팔하네'란 생각이 든다.

자녀의 취업 문제 또한 엄마에게 굉장한 부담이다. 이만큼 키워놨는데 자식들이 취업을 못 하면 자신이 무능한 것 같다. 그동안 무엇을 하며 살았는지 자문하며 상실감을 느낀다.

남편은 이런 아내를 공감하지 못한다. "당신 뭐 때문에 요새 입을 쭉 내밀고 있어? 도대체 뭐가 불만이야?"라고 툭툭 내뱉는다.

억울하다. 분통이 터진다. '30년 동안 자식과 남편을 위해 살았는데 이런 대접을 받다니….' 억울함의 깊은 수렁 속으로 빠진다. 우울증이 오고 우울증은 육체적인 증상을 동반한다. 육체적 증상은 다시 정서적 갈등을 가져온다.

서로의 마음을 헤아려주는 대화를 해야 한다. 서로가 가장 힘든 시간을 보내고 있는 것이다. 이때는 심리적 공허감과 박탈감을 어루만져주는 공감 대화를 해야 한다.

아내가 "있잖아요~"라고 말할 때 "있긴 뭐가 있어"라고 한다면 남편은 최악의 수를 두는 것이다. 무조건 "그래서, 그래"라며 받아줘라. 감정을 교감하는 대화법을 사용해야 한다. "아 그렇구나. 그래 일리 있어" 등의 '~구나 어법'을 구사한다. 반영적 경청으로 공감 언어이다.

말할 때도 상대의 얼굴을 바라보며 말을 한다. 들을 때도 마찬가지다. 맞장구치고 공감해주면서.

어떤 경우에도 정답이나 해답을 말하지 말라. 정오(正誤)도 따지지 말라. 아내가 바라는 것은 그저 들어주고 공감해 주는 것이다.

만일 아내가 "당신 양말 좀 제대로 벗어놓아요"라고 말하면 "글쎄 말이야, 난 맨날 들어도 못 하네"라고 말해라. 그러면 아내는 '남편이 내 말을 듣기는 하는구나' 생각한다. '몰라서 그렇지, 저 인간이 나쁜 사람은 아니야'라며 남편을 이해하게 된다.

은퇴는 남편과 아내 서로에게 정서적 공감과 위로가 절실히 필요한 변곡점이다. 은퇴 후 행복한 삶에는 건강한 부부관계보다 더 중요한 것이 없다. 그것이 향후 40~50년 삶의 질을 결정하는 최상의 대책이다. 〈은퇴 후 생존전략〉 10가지 팁을 필자가 만들어 보았다.

은퇴 남자의 생존전략

❶ 힘이 버거우니 소꿉놀이하듯 일을 분담해라. 가사에 은퇴는 없다. 설거지나 청소 담당은 남편 몫이다. 요리나 세탁까지도 한다면 금상첨화다.

❷ 아내 말에 절대 토 달지 마라. 무조건 맞장구쳐라. 그냥 들어주고 공감해주라.

❸ 아내의 잔소리를 들을 때 감사해라. 아직 아내가 건강하다는 증거다.

❹ TV 리모컨 선택권은 아내에게만 있다.

❺ 배려해주고 주물러주고 마사지해 주라.

❻ 결코 아내를 이기려고 하지 마라. 재난을 만난다.

❼ 어떤 경우에도 버럭 하지 마라. 혼밥 신세가 된다.

❽ 마주칠 때는 부드러운 미소를 던지고 걸을 때 손을 잡고 다녀라.

❾ 부드럽게 다가가 "사랑한다, 예쁘다"라고 멘트를 자주 날려라. 실제는 아니지만….

❿ 밤에 무리한 기대(?)나 성가시게 하지 마라.

부부관계 업그레이드
체크리스트 20문

No.	체크 내용	❶	❷	❸	❹	❺
01	배우자와 자주 스킨십을 한다.	○	○	○	○	○
02	함께하는 공동 관심사와 취미활동이 있다.	○	○	○	○	○
03	배우자가 싫어하는 일은 안 한다.	○	○	○	○	○
04	서로 신뢰가 있고 약속은 지킨다.	○	○	○	○	○
05	배우자와 서로 다른 것을 인정하고 수용하는 편이다.	○	○	○	○	○
06	사랑을 표시하고 때때로 칭찬과 격려를 한다.	○	○	○	○	○
07	배우자와 각방을 쓰지 않는다.	○	○	○	○	○
08	배우자와의 성생활에 만족하는 편이다.	○	○	○	○	○
09	배우자에게 폭력을 행사하지 않는다.	○	○	○	○	○
10	싸운 후에 가까워지는 편이다.	○	○	○	○	○
11	자녀들과 함께 재미있게 놀아준다.	○	○	○	○	○
12	가사에 동참하고 돕는다.	○	○	○	○	○
13	재정 관리를 배우자와 의논하여 투명하게 한다.	○	○	○	○	○
14	대화를 많이 나누고 의사소통에 특별히 문제가 없다.	○	○	○	○	○
15	배우자가 원하는 것이나 필요한 것을 안다.	○	○	○	○	○
16	종교나 가치관, TV 시청에서 일치하는 편이다.	○	○	○	○	○
17	처가와 시댁을 똑같이 배려한다.	○	○	○	○	○
18	나의 스케줄 속에 배우자가 고려된다.	○	○	○	○	○
19	관심과 배려와 긍휼히 여기는 마음이 있다.	○	○	○	○	○
20	공유하는 시간에 불만이 없다.	○	○	○	○	○

❶ 전혀 그렇지 않다	[1점]
❷ 별로 그렇지 않다	[2점]
❸ 보통이다	[3점]
❹ 대체로 그렇다	[4점]
❺ 정말 그렇다	[5점]

점수	80점 이상	70~79점	60~69점	40~59점	40점 이하
부부관계	아주 양호한 관계	비교적 건강한 관계	개선과 변화가 필요	적극적인 개선과 변화의 노력이 필요	심각한 상태, 상담과 치유가 절대 필요

성(性), 잘 쓰면 축복이나 일탈은 재앙이다

전 객실 Wife 설치,
전 객실 Wife 무료

어느 지역을 지나다 보면 유독 모텔들이 줄지어 서 있는 모텔 집촌들이 있다. 마치 모텔군락지와 같다. 그런가 하면 중간 중간에 무인텔도 많이 눈에 띈다. 이렇게 계속 모텔들이 생겨나는 것을 보면 그만큼 수요가 많다는 것이다.

그 수요층은 누구일까? 외지에서 와서 숙박이 목적인 고객이 있는가 하면 그렇지 않은 고객들도 있다. "대실은 얼마, 숙박은 얼마" 이렇게 써놓고 영업을 한다.

대실 손님이 많아 하루에 몇 회전씩 한다고 하니 대실 하는 고객은 어떤 목적으로 대실을 할까? 또 어떤 사람이 할까? 숙박이 아닌 대실은 다분히 그래서 가림막을 치기도 한다.

웬 모텔이 이렇게 많으냐고 말했더니 내 아내가 "주택난이 심해서 그렇다"라고 엉뚱 맞은 대답을 해서 웃고 말았다.

요새는 어딜 가나 인터넷이 꼭 있어야 한다. 어느 모텔 입구에 이렇게 쓰인 문구를 보았다.

"전 객실 Wife 설치, Wife 무료."

전 객실마다 Wife가 있고 아내(Wife)가 무료라고?

노이즈 마케팅이거나 실수인지 고의인지 모르지만 Wifi 대신 Wife로 쓴 것이다. 하긴 Wife는 없어도 Wifi 없이는 살 수 없는 인터넷 세상이 되었다.

상담을 하다 보면 불륜 현장으로 숙박 장소가 거론되기도 한다. 외도의 장소로 들통이 나는 현장이 호텔이나 모텔이다. 남편의 외도 사실을 알게 되면 아내는 충격의 쓰나미에 빠지게 된다. 좌절감과 배신감에 멘붕이 된다. 자존심이 상하고 도저히 용납이 안 되는 것이다.

상대하는 여자가 외모나 품격이 자기보다 훌륭하다면 모르겠다. 그런데 하나같이 그것도 아니다. 그래서 더더욱 자존심 상하고 인격에 상처를 받는다.

그럴 때일수록 냉정해져야 하고 지혜롭게 대처해야 한다. 남편 입장에서는 지나가는 바람일 수 있다. 남자들은 호기심과 울적함에 충동적으로 사고를 치고 유혹에 말려드는 푼수들이다.

진정 가정을 깨기 위해 외도하는 사람은 많지 않다. 그러나 탈선이 행복을 깨트리고 가정을 해체시키는 결과가 되기도 한다.

살짝 긁혀도 상처가 남는다. 가슴속 상처는 오죽할까? 그래도 상처를 키울 필요는 없다.

외도가 들통 난 후 "살아야 하느냐? 말아야 하느냐?"라고 물어온다.

정말 헤어질 것인가? 아니면 수습하고 가정을 지킬 것인가? 하는 것은 또 다른 차원의 문제다. 상황에 따라 다르기도 하다. 정말 이 사람이 나에게서 마음이 진정 떠난 것인가? 가정을 지킬 마음이 있는 사람인가 아닌가? 아니

바보야, 결론은 후반전이야

면 스쳐 가는 바람인가? 유혹이나 꾐에 말려든 것인가?를 냉정하게 고려해야한다. 뒤에 후회할 일이 아니다.

순간적으로 남성 본능의 충동이나 추구에서 자유로울 수 있는 남성은 많지 않다. 유혹과 올무와 충동은 어디에나 있고 악마는 항상 눈앞에서 서성거리고 있다. 그러나 인간에게는 양심과 극기와 절제가 있어서 가정은 지켜지고 있다.

불륜은 이혼 사유가 된다. 민법 840조에 의하면 이혼 사유 1호가 '배우자의 부정한 행위'이다. 외도가 상처가 되어 섣부르게 서둘러 이혼하고 나서 후회하는 경우가 많다. 일탈이 바람일 뿐이고 육체와 감정이 모두 합쳐진 외도가 아니라면 회복은 가능하다.

순간의 실수와 일탈 – 과거의 잘못된 굴레의 족쇄에 묶여 계속해서 불행하게 살 필요는 없다.

외도에 합리적인 이유는 없다. 불륜과 일탈을 계속하고 있다면 회복탄력성을 작동시켜 바로 청산하고 제자리로 회귀하면 된다.

02

아침 키스가
연봉을 높인다

부부 사이가 좋은 사람이 직장에서 능력을 발휘한다. 의사소통도 잘한다. 창의력도 좋고 팀워크도 잘 이룬다.

"여보, 나 지금 출근해."

"기다려요, 지금 가요."

바보야, 결론은 후반전이야

부엌에서 설거지하던 아내가 황급히 앞치마에 젖은 손을 닦고 달려온다. 밝은 웃음을 지으며 다가서자 남편은 기다렸다는 듯 아내를 껴안고 가볍게 키스를 한다. 부부는 "파이팅!"을 외치며 하이파이브를 한다. 출근하는 남편의 발걸음이 가볍고 즐거울 수밖에 없다.

가벼운 볼 키스 정도면 된다. 살짝 손을 잡아주거나 껴안아 주는 것도 괜찮다. 프렌치 키스라면 더욱 좋다. 프렌치 키스를 하는 동안 우리 몸에서는 무려 29개의 근육이 움직이며 뇌에서는 엔도르핀이 활발히 분비된다. 또 인슐린 등의 호르몬 분비가 증가해 질병에 대한 면역력이 강화된다.

아침에 키스를 한다는 것은 하루를 즐겁게 시작하겠다는 표현이다. 성공을 향해 가는 길이다. 키스를 하고 회사로 향하는 남편의 마음속에는 행복감과 활력이 넘친다. 아침 공기마저 상쾌하게 느껴진다.

아침 출근길이 즐거운 남편은 직장에서 최고의 능률을 발휘한다. 새로운 아이디어가 샘솟고 업무 능력이 향상된다. 표정이 밝고 매사에 긍정적이고 적극적이다. 사람들로부터 신뢰를 받으니 대인관계가 원만하다. 동료들과 팀워크가 잘 이루어져 능률이 높아진다. 행복한 부부관계는 건강에도 밀접한 관계가 있다.

부부 사이가 좋으면 그만큼 성공할 가능성이 커진다. 배우자로부터 지지받고 인정받는 사람은 자존감이 높아진다.

밖에 나가서도 당당하고 자신감이 넘친다. 두뇌 회전이나 창의력도 발휘된다. 자기가 가진 능력을 최대한 발휘하니 일이 잘될 수밖에 없다.

반면 배우자로부터 무시당하는 사람은 매사에 실패하기 쉽다. 겉보기에도 어쩐지 위축돼 보이고 실제로도 소심해진다. 자신감이 부족하고 의욕도 떨어지니 능력을 제대로 발휘할 리 없다.

어떤 날 교통사고가 제일 많이 나는가? 아침에 부부싸움 한 날이다. 어쩌다 말다툼이라도 하고 출근하는 날이면 온종일 일할 기분이 아니다. 마음이 무거워 일이 손에 잡히지 않는다. 부부싸움을 하고 출근한 사람들에게는 교통사고가 일어날 확률도 높다고 한다.

지금은 상상력과 창의력이 중요한 시대이다. 상상력과 창의력을 좌우하는 것이 그날의 기분이고 하루의 기분은

바보야, 결론은 후반전이야

아침에 결정된다. 그런데 아침 기분을 결정하는 곳이 어디인가? 바로 가정이다.

아침을 웃으며 시작하면 대박 인생이다. 그러나 아침을 찌푸리며 시작하면 쪽박 인생이 된다. 그러니 성공하고 싶다면 키스로 아침을 시작하라!

베사메 무초! 아침 키스가 업무 능력을 Up-grade 시킨다!
베사메 무초! 아침 키스가 건강을 증진시킨다!
베사메 무초! 아침 키스가 연봉을 높인다!

03
무드에 감동받는 여자,
누드에 무너지는 남자

남여는 성적 자극점이 다르다.

한 부부가 비즈니스 관계로 유명 호텔에서 공연하는 쇼를 관람하게 되었다. 아름다운 여자들이 거의 벗은 몸으로 나와서 춤을 추는 현란한 무대였다. 아내는 민망해서 어쩔줄을 몰랐으나, 남편은 아름다운 무희들을 바라보느라 넋이 나가 있었다. 아내는 크게 실망해서 집으로 돌아오자마자 남편을 다그쳤다.

"그런 저속한 쇼에 넋을 잃다니, 당신이 그렇게 속물인 줄 정말 몰랐어."

남편은 따지는 듯한 아내의 태도에 당황했다. 남자들은 아무렇지 않게 즐길 수 있는 쇼였으나 아내에게는 차마 눈 뜨고 볼 수 없는 민망한 무대였던 것이다.

젊은이들의 유머에 이런 말이 있다. "남자가 여자를 만족시키는 방법은 아껴주고, 선물 사주고, 전화해 주고, 예쁘다고 칭찬해 주고, 연인 같고 오빠 같고 아버지 같고… 무려 108가지나 된다. 그러나 여자가 남자를 만족시키는 방법은 단 한 가지다. 그냥 벗어주기만 하면 된다."

속된 이야기로 들릴지 몰라도 이것이 바로 남자와 여자의 차이다. 남자는 여자에 비해 시각과 후각이 예민하다. 그래서 남자들은 사랑의 자극을 눈으로 느낀다.

클린턴 전 미국 대통령의 지퍼게이트를 보라. 최강국 대통령의 일거수일투족은 지구촌 모든 사람에게 초미의 관심 대상이 된다. 클린턴이 그 사실을 몰랐을 리 없다. 그러나 르윈스키가 요염한 모습으로 지나가는 모습을 보는 순간 세계 최강국 대통령으로서의 위신이나 체면은 온데간 데없이 달아나고 말았다.

남자들과는 달리 여자들은 청각과 촉각이 발달되어 있어서 귀로 사랑을 느낀다. 이런 특성을 잘 아는 능숙한 제비족에게는 여자를 유혹하는 일이 식은 죽 먹기보다 쉽다고 한다. 가까이 접근해서 이렇게 속삭여 주기만 하면 일주일 안에 다 넘어온다는 것이다.

"사모님, 정말 아름답습니다.""아, 이렇게 우아하신 분은 처음입니다."

이 이야기를 들은 내 아내가 말했다.

"일주일까지 갈 것도 없겠네. 그렇게 달콤하게 속삭여 주는데 어떤 여자가 안 넘어가겠어? 사흘도 안 돼서 다 넘어가겠네."

시각이 발달된 남자들이 누드에 감동받는다면 청각과 분위기에 예민한 여자들은 달콤한 사랑의 말에 무너진다. 바로 남자는 누드에 무너지고 여자는 무드에 감동된다. 여자들에게는 부드럽고 감미로운 사랑의 속삭임이 피곤하고 힘든 일상을 견뎌내게 하는 힘이다. 여인들의 가슴에는 사랑의 빈 탱크가 다 있다. 그 속이 사랑의 밀어 같은 속삭임과 감미로운 말로 채워져야 한다. 그러니 남편들로부터 다정한 속삭임을 듣지 못한다면 얼마나 외롭고 허전하겠는가.

남편들이여! 아내의 마음을 사로잡고 싶다면, 근사한 분위기 속에서 달콤하게 속삭여보라. "여보. 당신 정말 예뻐. 누가 당신을 아줌마라고 하겠어? 사랑해."

아내들이여! 남편의 마음을 붙들어 매고 싶다면 자주 거울 앞에 서라. 남자들은 자신의 아내가 예뻐 보일 때 행복감을 느끼는 존재다.

04

성(性), 잘 쓰면 축복이나
일탈은 재앙이다

수많은 강의와 상담을 통해 터득한 것이 있다.

부부 갈등의 첫 번째 문제가 대화의 부족이라면 두 번째 중요한 문제는 성 문제다. 부부 사이의 불화가 침실만큼 분명하게 나타나는 곳이 없다. 성은 창조주가 인간에게 준 엄청난 축복의 선물이다.

그런데 축복으로 주어진 성이 잘못 사용됨으로써 많은 문제를 일으키기도 한다. 성은 생육하고 번성하라는 과업 수행을 위하여 주어진 선물이요 메커니즘이다. 거기에 그 임무 수행의 계속성을 위하여 극치의 쾌락까지 누릴 수 있는 장치를 마련해 놓았다. 그런데 그 본래의 고유 목적이나 업무가 아닌 일탈의 쾌락만을 추구하는 어른놀이들을 함으로써 사회적 문제가 야기되고 있는 것이다.

축복의 선물인 성과 관련된 갈등이 문제가 없는 가정에서는 10%에 불과하다. 그러나 문제가 있는 가정에서는 성의 문제가 갈등의 90%를 차지한다. 흔히 성격 차를 말하지만 사실은 성(性)의 격차이다.

성욕은 인간의 3대 욕구 중 하나이기에 성과 관련된 문제는 인류 역사와 더불어 항상 존재해 왔다. 역사적으로 고대 그리스 아테네에서도 '공공의 유곽'이라는 공창제도가 있었고, 십자군 원정대에 매춘부 부대가 따라가기도 했다.

조선시대에는 '관기'라는 기생제도가 있었다. 일본은 1906년 일본인 거주지마다 공창가를 조성했으나, 1946년 미군정이 한국에서 공창제를 폐지하여 인신매매를 금지시

켰다. 그 이후에도 공창과 사창이 존속과 폐지를 거듭하다
가 지금은 지하에 음성적인 사창만이 남아 있을 뿐이다.

미투로 촉발된 불꽃이 정치계, 문화계, 법조계, 연예계
까지 삼키더니 이제는 성역 같던 교육계 선생님과 종교계
지도자들 그리고 미성년자들에게까지 번지고 있다.

더 이상 성인들만의 문제가 아니다. 요즘은 '그루밍' 성
폭력 문제가 표출되어 더욱 충격적이다. '그루밍'이란 마부
가 빗질하고 다듬고 길들인다는 말에서 유래되었다. 아동
청소년 대상 성폭력에서 벌어지고 있는 전형적 수법이다.

사전에 미성년자 대상이 물색되면 피해자의 욕구를 파
악한 뒤 선물이나 호의를 베풀어 호감이나 신뢰를 먼저 쌓
고 욕구 충족을 하는 것이다. 그 후에도 상담 지도를 하거
나 종속관계를 유지하여 자연스럽게 받아들이도록 한다.
자발적으로 동의한 것처럼 위장하기도 해 일부 피해자는
가해자를 사랑한다는 착각에 빠지기도 한다.

성 문제는 제한구역이 없고 지구상에 오염되지 않은 성
역은 없다. 그 영역은 직종이나 세대, 성별 구별도 없고 정
상인이나 장애인 구분도 없다. 지구상에 본능에 충실한 수

컷들이 존재하는 한 역사의 종말까지 이어질 것이다.

수컷들은 누구라도 가해자가 될 가능성이 있는 것이다. 지구촌 모든 사내들은 묵시적 성범죄에서 자유로울 수 없다. 그 문제에서 자유로울 수 있는 남자가 어디 있으랴. "여자를 보고 음욕을 품은 사람은 이미 간음한 자"의 굴레에서 벗어날 수 있는 남성은 없다.

그러나 누가 누구한테 돌을 던지랴. 한때 정치인들은 허리띠 아래 문제는 거론하지 말라고까지 했다. 동물들은 성적수치심을 느끼지 못한다. 그러나 인간은 성적수치심이 있기에 정도에서 벗어난 관계는 후유증을 가져오는 일탈이요 문제요 수치다.

차제에 왜곡된 성문화가 건전한 성문화로 바로잡히고, 건강하고 성숙된 성문화로 바뀌는 전환점이 되기를 소망해본다. 성폭력은 남성들이 대부분 범법자들이나 여성 쪽에서 접근해오는 프로와 꽃뱀들도 있다.

복잡한 성 문제 잘 쓰면 축복이다. 그러나 유혹에 말려들거나 잘못 사용되는 일탈은 재앙이 된다.

05

최고의 성감대?
뇌!

  부부간에 이루어지는 성은 세상에서 가장 친밀하고 아름다운 대화이다.

  부부의 성은 단순한 육체적 결합이 아니라 정서적, 정신적으로도 하나가 되는 것이어야 한다. 그러므로 성생활의 만족도는 부부관계의 정서적 기상도를 알려주는 바로미터

바보야, 결론은 후반전이야

이다.

성에 있어 중요한 것은 횟수가 아니라 얼마나 깊이 하나 됨을 체험하는가이다.

나이가 들면 성적인 에너지가 떨어지는 것은 자연스러운 현상이다.

10대에 분출되는 호르몬은 미친 호르몬이라고 한다. 20대에 주체할 수 없을 만큼 넘쳐흐르던 에너지는 30대만 되어도 폭풍이 물러간 후의 바다처럼 잔잔해진다. 40대가 되면 부부는 나란히 누워도 성적 흥분을 느끼지 못하는 무덤덤한 사이가 된다.

50대에 이르면 육체적으로 무관심해져 서로 등을 돌리고 잔다. 60대 부부는 함께 있어도 각방살이를 하는 것과 같게 된다.

그럼 70대 부부는? 배우자가 어디 있는지 아예 모른다는 우스갯소리가 있다.

그러나 부부생활이 꼭 나이와 상관있는 것은 아니다. 70대가 되어도 여전히 성적 흥분을 간직할 수 있고 행복한 성을 누릴 수 있다. 76세 할아버지에게 할머니가 언제 가장 매력적이냐고 물었다. "샤워하고 나올 때가 가장 매력적이야"라고 대답했다.

남자는 문지방 넘어갈 힘만 있어도 가능하다. 성에 있어 중요한 것은 산술적인 나이가 아니다. 70~80대에도 건강한 성을 누릴 수 있다.

반면 상담을 해보면 혈기 왕성한 40~50대 젊은 나이에 섹스리스(sexless) 부부들이 의외로 많다. 과중한 업무와 스트레스 그리고 부부 갈등이 성의 장애요인이다. 빡센 아내 앞에 '고개 숙인 남자'도 그렇다.

부부가 행복한 성을 누리려면 평소에 친밀한 관계를 유지해야 한다. 침대 밖에서의 친밀감이 침대 위에서의 환상적 결합으로 이어진다. 마음의 상처나 분노가 깊을 때 마구 들이댄다면 어려워진다. 성에 있어 정서적 준비가 결여된 일방적 요구는 강간에 가깝다.

멋진 섹스 파트너가 되기 위해서는 '성이 나보다는 상대의 즐거움을 위한 것'이란 생각을 가져야 한다. 남자들은 육체적 자극에 민감하고 언제나 실전 준비가 되어 있다. 반면 여자들은 정서적인 자극에 더욱 민감하고 준비가 되기까지 많은 시간이 걸린다. 때로 여자들은 섹스 자체보다 따뜻한 포옹이나 애무를 더욱 갈망하기도 한다.

여자들은 예민하고 섬세한 존재이다. 여자의 몸을 열기 위해서는 마음을 먼저 열어야 한다. 즉, 성적인 흥분에 이르기 위한 전희는 침대 위에서가 아니라 생활 속에서 이뤄져야 하는 것이다.

침대 밖에서 이루어지는 전희란 평소의 친밀한 관계와 소통 그리고 따뜻한 스킨십이다.

최고의 성감대란 몸이 아니라 마음, 바로 마음을 관장하는 뇌에 있다. 최고의 성감대는 뇌인 것이다.

황홀하고 멋진 밤을 원한다면 일상의 관계나 말과 행동이 중요하다. 성적인 즐거움은 일상의 관계에 뒤따르는 향기로운 열매이다.

즐거운 밤이 되기를 바라는 사내들이여!

그렇다면 평상시에 특히 낮부터 아내한테 교언영색(巧言令色), 정감있게 다가가라. 그러하지 않으면 짐승이란 소릴 면할 수 없다.

06

남편이 아내에게 바라는
첫 번째 욕구 – SEX

남편이 아내에게 가장 바라는 것은 무엇일까. 그리고 아내가 남편으로부터 가장 바라는 것은 무엇일까?

남자와 여자는 구조적으로 완전히 다른 모습을 하고 있다. 그리고 상대방이 나로부터 원하는 것이 무엇인가를 바로 아는 것이 곧 부부간의 행복을 가져다주는 비결이다.

아내들은 남편에게 제일 먼저 부드러운 보살핌을 바란다.

그다음으로 대화의 상대가 되어주고 신뢰할 수 있는 집안의 기둥, 경제적 안정감 그리고 가정에 대한 헌신을 바란다. 그런데 남편이 아내에게 바라는 것은 전연 다르다.

남자들이 바라는 첫 번째 욕구는 SEX이고 성적 만족감이다.

여성은 촉각이나 분위기가 중요하고 감정 지향적인데, 남성은 시각과 후각에 육체 지향적이다. 성을 우선으로 생각한다. 웬만한 갈등과 문제도 성적으로 만족하게 되면 풀리고 대충 넘어간다. 성 앞에 푼수가 없다.

반응도 여성은 비교적 주기적인 데 반해 남성은 비주기적이다. 성적인 문제를 해결하지 못할 때 호르몬의 축적으로 신경질적인 반응을 가져오기도 한다. 때로 아내로부터 거절당할 때 마음이 상하기도 한다. 남편이 신경질적으로 나오는가? 때가 된 줄 알아야 한다.

둘째는 취미 활동에 짝이 되어주는 것이다.

남편은 운동이나 취미 활동에 아내가 동반자가 되어주기를 바란다. 남편은 아내 지향적이다. 반면 아내는 자녀 지향적이다. 퇴근해서도 아내가 있고 맛있는 음식을 먹을 수 있으면 문제 될 것이 없다. 특히 운동이나 취미마저 같다면 금상첨화다.

세 번째는 매력적인 몸매를 원한다.

대부분 남성들은 여성의 내면적인 아름다움만으로 만족하기를 거부한다. 남편들은 집에 오면 아내가 밝은 모습으로 맞아주기를 원한다. 즉 사랑스러운 아내를 원한다.

회사에서 돌아온 남편을 맞는 아내의 모습을 한번 상상해 보라. 어떤 아내는 잠결에 일어나 헝클어진 머리와 부스스한 얼굴로 남편을 맞는다. 남편은 밖에서 쭉쭉빵빵 S-line의 여성들과 같이 일하다 왔다. 그런데 이런 아내가 남편으로부터 사랑받기를 기대할 수 있을까?

사랑도 노력이 필요하다. 사랑도 부지런해야 한다. 여성이 화장을 하는 것은 자기만족을 위해서이기도 하지만 상대방에게 좋은 모습을 보여주기 위해서다. 어떤 여성들은 친구를 만날 때는 온갖 화장을 하고 좋은 옷을 골라 입는다. 그런데 자신에게 가장 중요한 존재인 남편을 위해서는 아무것도 투자하지 않는다. 정작 중요한 사람을 위한 배려가 없는 여성이다.

온종일 밖에서 시달리다 들어온 남편이 활기 있고 상큼

바보야, 결론은 후반전이야

한 아내를 만난다는 것은 행복이다. 여성들이여, 가장 소
중한 사람을 위해 퇴근 시간에 립스틱 짙게 바르고!

남편이 네 번째로 바라는 것은 아내에게 존경과 인정을
받고 싶은 것이다.
쫀심에 죽고 사는 남자들에게는 아내의 격려와 지지가
최상의 활력소요 추진력이 된다. 격려와 칭찬은 위기를 극
복하는 원동력이다. 남편을 향한 아내의 존경과 격려는 남
편에게 보약이다. 매일 보약을 먹여라. 보약을 먹은 남편
은 직장에서도 실력을 발휘할 수 있다. 남자는 아내가 자
기의 열렬한 지지자이기를 바란다.

다섯 번째는 가정이 편히 쉴 수 있는 둥지와 같은 곳이
되길 원한다.
가정은 편히 쉴 수 있는 안식처다. 일반적으로 퇴근하면
피로를 느낀다. 미소 짓는 아내, 잘 정돈된 집안, 구미 당
기는 요리, 정숙한 아내의 위로를 원한다. 바가지는 짧게,
봉사는 길게 쉴 수 있는 분위기를 만들어라. 맞벌이인 경우,
협력과 지혜가 필요하다.

07
불혹의 중년 –
노도광풍의 시기

　중년은 일생의 빨간불이 들어오는 제2의 위기, 사추기
(思秋期)이다.

　모리슨 박사는 "20대는 가정을 소유한다. 30대는 직장
을 소유한다. 40대는 불안을 소유한다"라고 말했다. 상실
감에 함몰되는 시기도 이때다. 그래서 일탈한다.

둥지를 떠나는 자녀들, 무덤덤하고 무관심한 배우자! 가정으로부터 정서적으로 채워지지 못하는 허전함과 고독이 있다.

중년에는 성취의 불안과 젊음의 상실로부터 오는 불안이 있다. 유혹의 함정도 널려 있다. 중년의 시기. 이 불안을 제대로 극복하지 못할 때 방황하는 '마의 40대'가 되는 것이다.

불혹의 나이는 탈선의 시기이기도 하다. 유혹의 손길이 뻗치는 위기도 중년이다. 다윗도 불혹의 나이에 밧세바를 범했다.

허전함과 불안에 일탈하고 그 후유증으로 상담해오는 부부가 많다. 어쩌다 만난 묘령의 사람으로부터 친절한 관심과 자상한 배려를 받게 될 때 홀딱 넘어가는 게 인간이다.

유혹에 끌려서 '이래서는 안 되는데…' 하는 자기 절제의 마음과 이성에게 끌리는 호기심 사이에서 갈등하며 괴로워한다. 마음은 원이로되 육신의 연약함으로 인하여 두 마음의 경계선상에서 서성거리고 있다. 상상의 나래가 윤리의 경계선에서 서성거린다. 선악의 이편과 저편을 동시에 왕래하면서 가상과 현실 속에서 갈등한다.

40~50대 이혼 사유 중 제일 큰 비중을 차지한 외도(42%)가 원인이다. 민법 840조에 이혼 사유 6가지가 있다. 그 첫 번째 사유가 "배우자의 부정행위, 불륜, 외도"다.

사랑이 없이도 남자는 성이 가능하다. 여자는 아니다. 외도가 남자는 바람일 뿐인데 여자는 절실한 감정, 애틋한 현실, 낭만적인 사랑으로 착각한다. 물론 돈을 좇는 꽃뱀들은 예외다. 그래서 문제가 복잡하게 얽히고 꼬인다.

요즈음 애인 없는 아줌마는 장애인이라고 할 정도로 가정 일탈이 심각하다. 이런 시류의 외도 알레고리가 있다.

연하남과 사귀면 금메달, 동갑남과 사귀면 은메달, 연상남과 사귀면 동메달, 그도 저도 없는 사람은 목메달이라고 한다.

중심을 잃은 삶이 요동치는 천박한 시대를 살고 있다. 그릇된 감정의 추종이 가정을 파괴한다. 죄책감과 부끄러움을 가지고는 최고의 행복을 누릴 수 없다. 평생 반려자인 배우자를 불행하게 만들어 놓고 내가 행복하게 살 수 없다.

늦게 찾아온 늦감기, 즉 외도 문제로 가정이 파탄 나기도 한다. 가정을 파괴하거나 이혼하기 위해 외도하는 사람은 없다. 그러나 유혹과 호기심에 이끌려 어느 날 말려든 일탈과 외도의 결과는 가정 파탄을 가져온다는 사실이다.

외도의 길에 빠져 허우적거리다가 나이가 들어 돈 없고 힘 빠져서 집에 돌아와 보지만 젖은 낙엽처럼 거추장스러운 존재로 전락하고 만다. 환영받지 못하는 초라한 삶이 되고 만다.

중년은 노도광풍(怒濤狂風)이 부는 시기이기도 하다. 평범해 보이는 내 배우자 속에 보물이 있다. 미운 오리인 줄 알고 살아왔지만 알고 보니 우아한 백조였다. 다른 길 찾아보지만 가던 길 처음 관계가 최선이다. 그리고 그 속에 행복이 있다.

08

나이가 들어도 남자는
굶주린 늑대

남정네들은 힘이 빠지면 정력이 모두 입으로 모인다. 그
것도 안 되면 눈으로 모이고 그마저 안 되면 생각 속에 머
무른다. 젊으나 늙으나 남자들은 성에 굶주린 동물이다.

수컷들은 항상 허기를 느낀다. 각질화된 성욕의 속살로

충만하기 때문이다. 오늘날에는 아무리 나이가 들어도 약의 도움으로 성생활을 즐길 수 있다.

남자를 짐승이라고도 한다. 남자와 짐승의 공통점이 있다. 만들어진 재료가 같다. 여자와 달리 흙으로 만들어졌다. 그래서 남정네들은 정욕과 탐식이 중요하다. 남자는 빗자루를 잡을 힘만 있어도, 문지방을 넘을 힘만 있어도 여자를 생각한다.

한 의사에게 70대 중반의 남자 환자가 와서 비아그라 처방을 요구했다. 그런데 이 사실을 알고 그의 부인이 의사를 찾아와 남편의 비아그라 처방을 삭제해 달라고 간곡히 호소했다. 이유인즉 남편은 70대임에도 불구하고 자신에게 하루가 멀다 하고 치근덕거린다. 거기에 비아그라까지 먹으면 자기를 죽이고 말 것이니 살려달라는 하소연을 했다고 한다.

이 남자는 아직도 성적으로는 왕성함을 누리고 싶었던 것이다. 그러나 아내가 보조를 맞출 수 없다면 무용지물이다. 부부가 화합하지 않는 잠자리는 여자에게는 당하는 것이고 고통일 뿐이다.

요즘 노인정에서는 60대가 잔심부름을 한다. 70대 초반이 되더라도 노인 족보에 들지를 못한다. 옛날 같으면 모두 산에 가 있을 나이들인데 시대가 좋아져 환갑을 넘긴 나이에도 하나같이 젊고 싱싱하다. 정력과 활력이 너무 넘쳐나서 문제다.

얼마 전 국영업체 강원지역 본부와 가정문화원 공동주관으로 대명비발디파크에서 부부워크숍 행사를 했다. 참여한 사람들은 강원도 화천 지역 주민들인데 평균연령이 60~70대들이다. 행사 시작 전까지 직원들은 노인들이라 사고가 나지 않을까 노심초사했다.

그런데 막상 행사가 시작되고 보니 노인이라는 말이 무색할 정도로 모두 건강했다. 강의 시간마다 반응도 폭발적이었다. 젊은 사람들 교육할 때와 다를 게 없었다. 나이가 무색할 지경이었다. 특히 성에 대한 강연 중에는 모두들 흥미진진하게 강의에 몰입되는 것을 보았다. 모두 체력이 있고 기능이 작동하니 성에 대한 관심이 높을 수밖에 없다.

90이 되어도 남자들은 성에 관한 한 굶주린 늑대이다. 파고다 공원에 박카스 아줌마들이 서성대고 있는 이유가 여기에 있다.

아내들이 해결해 주는 경우는 문제 될 것이 없다. 그러나 한평생 사이가 나빴던 부부관계라면 언감생심이다.

평소에 아내로부터 점수를 따라고 강조하는 이유가 바로 여기에 있다. 나이가 들수록 남자는 옆에 아내밖에 없는데 정작 아내는 남편이 귀찮아지는 것이다.

젊어서부터 잘해 주지 못했다면 지금부터라도 개과천선 태도를 바꾸어라. **변화하는 가정에 행복이 있다.**

남편들이여, "나는 내 아내를 섬기고 아내의 행복을 위한 역사적 사명을 가지고 이 땅에 태어났노라"라고 외치며 헌신해 보라. 그런 남자는 아침밥 굶거나 파고다 공원 근처에 갈 필요가 없다.

09

찌그러진 냄비에도
고구마는 삶아진다

핸드릭슨은 "SEX란 가장 많은 문제를 일으키는 하나님의 선물"이라고 했다.

성은 단순히 육체적인 것만이 아니라 영과 혼, 그리고 마음과 육체가 일치하는 종합예술이라고 할 수 있다. 고령사회에 진입하면서 노년의 성 문제가 화두가 되기도 한다. 또한 노년의 성범죄도 증가하고 있다. 노년의 성에 관한 글을 한 블로그에서 본 적이 있다. "찌그러진 냄비에도 고구마는 삶아진다"라는 제목이었다.

나이 많으신 할머니 할아버지… 어두컴컴한 공원 구석에서 아주 아주 찐하게 끌어안고 비비고 문대고… 그때 젊은 남녀가 지나가면서 그 광경을 목격했다. 그러면서 한마디!
"아이고, 나이 잡순 분들이 망측하게… 남사스러워라."
이때 그 소리를 들은 할아버지가 한마디 한다.
"이놈들아, 늙은 말이 콩을 마다 카더냐?"
이에 질세라 옆에 있던 할머니도 한마디 거든다.
"이놈들아, 찌그러진 냄비는 고구마도 못 삶는다고 카더냐?"

노년이라고 성 감정이 사라지는 것은 아니다. 정서적 감정이나 느낌에는 나이 제한이 없다. 성이 젊은이들만의 전유물도 아니다. 나이가 들어도 부부간의 성은 가장 친밀한 대화다.
성은 꼭 육체적인 것만도 아니다. 70~80대가 되어도 여전히 성적 자극을 가지고 있고 행복한 성을 누릴 수 있다. 그래서 성생활에는 정년퇴직이란 없다.

섹스는 몸으로 하는 것이지만 쾌감을 느끼는 것은 오감이다. 최고의 성감대는 뇌다. 뇌가 먼저 반응해야 작동이 되는 것이다.

때로는 깊은 스킨십이나 포옹만으로도 깊은 사랑의 친밀감이나 행복을 누릴 수 있다.

남자들은 저돌적이고 시도 때도 없다. 시각으로 감동되는 게 남자들이다. 누드에 무너지는 게 남자들이다. 그런가 하면 여자들에게는 특히 분위기나 환경이 중요하다. 무드에 약한 게 여자이다. 그러나 남자들은 일단 흥분이 되면 멈출 줄을 모른다. 저돌적으로 들이대고 충동적이며 치근덕거리는 성범죄형 회로를 가지고 있다. 그래서 남자는 전깃불이라 하고 여자는 서서히 덥혀지는 프라이팬이라고도 한다. 무드 없이 들이대는 남자는 그래서 짐승이라는 말을 듣는다.

성은 영과 마음 감정, 의지, 육체 등 전인격적 사랑과 오감으로 나누는 교제이고 대화다. 성은 전인격적 친밀감을 측정하는 온도계이다. 그래 육체 지향적인 남자들에 비해 여자는 감정 지향적이다.

성에는 사랑이 수반되어야 한다. 사랑이 결여된 섹스는 진정한 성이 아니다. 단순한 물리적 방사에 불과할 뿐이다.

성적인 즐거움은 사랑하는 관계에 따라오는 희열이요 행복의 부산물이다. 부부간 만지고 더듬고 허깅 할 수 있다면 행복이다. 만짐도 허깅도 성이고 같이 있음도 행복이다.

나이의 경계를 허무는 노년의 성, 노년이라고 사랑을 모르겠는가? 찌그러진 냄비에도 고구마는 삶아진다.

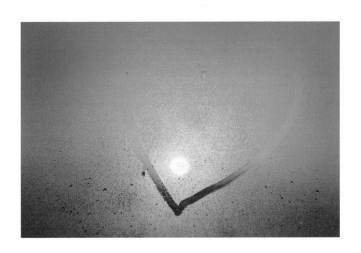

10

밤에는
매력적인 배우자로

남편은 왕이 되고 싶은 심리가 있다. 하지만 사회나 조직에서는 쉽지 않다. 집단 속에서 왕이 될 수 있는 확률은 10만 분의 1, 100만 분의 1이다. 그러나 가정에서는 다르다.

그런데 기 센 마누라 때문에 남자들이 오금을 못 편다. 자존심이 꺾인다. 그들은 왜 밤에 외박하고 헤맬까? 기 센 마누라 때문이다. 길거리를 헤매면서 왕 될 거리를 찾는

바보야, 결론은 후반전이야

것이다. 그런 곳에 가면 아가씨들이 칭찬을 한다. 갖은 애교로 상냥하게 대하기도 한다.

현명한 아내들이여, 빡세게 대하지 말고 부드러운 여자로 다가가자. 남자들이 돌아오고 싶은 집안 분위기를 만들어 보자. 상담할 때도 이렇게 권한다.

"호텔에 가면 깨끗하게 정리된 침대와 욕실에 기분이 좋습니다. 집에 오면 그런 분위기가 아닙니다. 호텔처럼은 아니더라도 분위기를 바꾸어 봅시다. 집에 들어오고 싶은 분위기. 침대보라도 자주 깨끗하게 바꾸어 보고, 아! 오늘 집에 들어가면 깨끗한 집이겠구나, 그런 생각이 들도록 말입니다."

남자들은 시각에 예민하다. 시각에 적당한 자극을 줘야 한다. 사랑을 눈으로 느끼도록. 아내의 나이트가운이 야하고 아름다울수록, 남자들은 딴짓을 안 한다는 말이 있다. 그러니까 지금까지 입있던 빛바랜 잠옷들은 다 버려버려라.

밤에 배우자한테 매력적인 여인이 되어라. 멋있는 드레스에 와인이라도 한 잔 기울이면서 분위기를 만드는 것. 이런 것에 변화를 주자.

여자는 청각으로 느끼도록 해야 한다. 예쁘다, 사랑한다,

우아하다, 계속 달콤한 말을 날려야 한다. 그것도 분위기
있게.

남자의 성적 능력이 상실되어도 성감대인 뇌는 중단 없
이 작동한다. 그래서 몸 대신에 성감대가 입으로 모여 입
만 살아있게 된다. 말로, 입으로 나타난다. 그마저 안 되면
눈으로 생각하고 표출한다. 더욱 요새는 각종 약품의 지원
이 있고 수술까지 할 수 있어 나이의 경계가 허물어졌다.
그래서 남자는 90이 되어도 성에 배가 고프다. 장수시대가
되면서 노년 성범죄가 늘어나고 있는 이유이기도 하다.
나이가 들어도 수컷들은 성에 목마르다. 태생적으로 성
의 노예로서의 유전자를 가지고 있기 때문이다.

성은 최고의 친밀한 소통이다. 『You : Being Beautiful(아
름다워지기)』의 저자 마이클 로젠 박사와 메밋 오즈 박사는
"주 3회 정도 성관계를 갖는 남성은 그렇지 않은 사람보다
심장병, 뇌졸중을 50% 줄일 수 있다. 여성에게도 장수에
도움이 된다"라고 했다. 물론 노년의 이야기는 아니다. 오
즈 박사는 "부부관계를 월 1회에서 주 1회 이상으로 바꾼 사
람은 5만 불을 얻은 만큼 행복지수가 올라간다"라고 했다.

바보야, 결론은 후반전이야

정기적인 성관계는 노화를 지연시킨다. 각종 호르몬 분비를 촉진시킨다. 여성들에게도 2~8년의 장수효과를 가져올 수 있다.

건전한 성생활은 나쁜 콜레스테롤을 감소시켜 각종 심혈관 질환을 예방한다. 체내 세포의 산소량을 증가시키고 몸의 각 기관과 조직의 기능이 활성화된다. 그래서 노화를 방지하고 심폐기능을 강화시키며 다이어트 효과도 있다. 긴장을 이완시키고 면역력을 강화시키기도 한다. 골다공증을 예방하고 전립선 및 자궁의 건강 등 많은 신체적 유익도 있다.

육체적인 것만이 아니다. 정신적 유익도 크다.

스트레스가 해소된다. 호르몬의 분비로 무력감에서 벗어나 활력을 찾는다. 마음의 안정을 이룬다. 우울한 느낌에서도 벗어나게 한다. 자신감을 갖게 한다. 호르몬의 분비를 도와 아름다운 피부를 유지시킨다. "사랑을 하면 예뻐져요"라는 옛 노래의 가사는 사실이다. 단순한 노래 가사가 아니라 과학이다.

11

있을 때
잘해

　방송 채널에서 인기를 끌었던 〈짝〉이라는 프로그램이
있다. 남녀가 이름 대신 '남자 1호', '여자 1호'로 불리면서
12명의 남녀가 호수별로 만남을 갖는다. 최종적으로 마음
에 드는 상대의 호수를 찍어 서로 맞으면 짝이 되는 것이다.
　짝짓기는 예나 지금이나 동물 최고의 관심사다. 인간도

동물이니 짝짓기에 대해서는 다른 동물들과 다를 바가 없다. 그런데 인간은 동물과 달리 한 번 짝짓기를 마치면 평생을 같이 가야 한다.

문제는 짝을 바꾸고 싶은 사람이 넘쳐난다는 데 있다. 한 번 정해진 짝을 바꾸기 위해 이혼이라도 불사하겠다고 수작을 부린다. 장수시대는 인간의 행복의 연장일 수도 있지만, 갈등의 연장일 수도 있다. 짝짓기가 잘 되면 인생이 행복하지만 그렇지 못한 만남은 지옥 같은 삶이 될 수도 있다.

콩깍지가 씌어서 짝을 이룬다. 짝짓기는 콩깍지 호르몬에 의해 성사된다. 이성을 만나게 되면 도파민이라는 호르몬이 나온다. 더 자주 만나게 되면 마약과도 같은 페닐에틸아민, 옥시토신 호르몬 등이 나와 상대를 유혹하고 이성이 마비되어 짝짓기가 이루어진다.

수금류 중에는 철새나 양처럼 짝짓기 호르몬이 특정한 계절에만 나와 생식 활동을 하고 다른 계절에는 호르몬 수치가 떨어져 짝짓기를 안 하는 동물들도 있다. 그러나 사람은 계절과 관계없이 짝짓기를 한다.

그런데 그 콩깍지는 벗겨지게 되어 있다. 콩깍지가 벗겨

지면서 갈등이 시작되는 것이다. "고진감래"라는 말이 있다. 고통 끝에 행복이 온다. 갈등이 없는 행복은 깊이가 있는 진정한 행복이 아니다.

부부간에는 사랑이 미움으로 변했다가도 다시 가까워지기도 한다. 미운 정 고운 정에 안쓰러움과 측은지심이 생기면서 다시 좋아지는 게 부부다. 그런 세월을 겪기도 전에 짝이 싫다고 아우성치면서 갈라서는 풍토가 참으로 안타깝다.

반면 100세 시대를 살다 보니 참고 사는 것이 더 힘들 수도 있다. 20년 이상 맘고생 하며 살았는데 남은 40~50년은 맘 편히 살겠다 하는 아내들이 반란을 일으키고 있다. 바로 **황혼이혼**이 급증하고 있는 것이다.

이유 있는 궐기겠지만 방치하기에는 개인이나 국가 모두 엄청난 손실이다. 특히 남자에게 있어 황혼이혼은 치명적이다. 생명의 연장이 아니라 평균 4~7년 정도 생명을 단축하는 일이다.

나는 강의를 할 때마다 수많은 중년 남성들에게 일찍이 주제를 파악하고 변화하라고 강조한다. 교육을 통해 개중에는 개과천선하여 가정의 행복을 이루고 감사를 전해오는 사람들도 많다. 그런가 하면 남자의 자존심을 앞세우며 부엌 근처에도 가지 않는 오기를 부리다 뒤늦게 상담해오는 서글픈 사람들도 있다.

후회는 항상 한 발 늦게 찾아오는 법이다. 부부란 지상에서 맺어진 30억 분의 1의 기막힌 인연이다. 가정의 행복이란 부부가 살아있는 동안만 누릴 수 있는 한정된 은총이다.

부부는 두 개의 시곗바늘과 같다. 하루에도 몇 번씩 만나고 헤어지기를 반복한다. 그러나 두 개의 바늘 중 어느 한 개가 고장 나면 제 기능을 못 하는 것처럼 어느 한쪽이 병들거나 세상을 떠나고 나면 가정의 행복도 끝장이다.

우리는 일상에서 정말 소중한 것의 귀중함을 모르고 살아간다. 인간은 공기가 없으면 단 10분도 살아갈 수 없지만, 평소에는 그 고마움을 느끼지 못한다.

배우자도 마찬가지이다. 곁에 있을 때는 그 소중함을 느끼지 못하고 일상 속에 묻어 버리고 살아간다. 그러다 더 이상 함께할 수 없는 날을 맞이하고 나서야 회한의 슬픔에 젖는다.

〈있을 때 잘해〉라는 노래가 있다. 곁에 있을 때 잘해 주어라. 힘 있을 때 사랑하라. 사랑할 수 있을 때 사랑하라. 사랑하고 싶어도 더 이상 사랑할 수 없는 날이 온다. 배우자를 잃는 슬픔은 더 이상 내가 그를 위해 아무것도 할 수 있는 일이 없기 때문이다.

"어제는 역사이고 내일은 신비이며 오늘은 선물"이라는 말이 있다. 오늘 내 곁에 있는 내 짝에게 최선을 다해라. 그곳에 행복이 있다.

바보야, 결론은 후반전이야

외도의 전쟁을 피하는 방법
7가지

1. 친밀한 성관계를 유지하고 외롭지 않도록 늘 대화하고 스킨십 해라.
　 사랑과 욕구가 가정에서 채워지지 않으면 아웃소싱 하게 된다.

2. 사회생활에서 유혹이 되는 환경은 가능한 한 배제해라.

3. 내 배우자가 아닌 파트너가 어디 있다는 호기심이나 환상을 버려라.

4. 배우자의 외도 지수에 경계 신호가 울리는지 수시로 점검해라.
　 전화기 비밀번호 잠금, 외진 데서 통화, 갑자기 외모에 신경 씀,
　 세차를 자주 하는 등등.

5. 도둑이 제 발 저리는 법이다.
　 잦아진 출장이나 야근, 사소한 추궁에 과민반응하고 큰소리침.

6. 아내에게 사랑 표현을 자주 하고 남편을 이기려 들거나 기를 꺾지 말고
　 쫀심과 기를 살려줌.

7. 성의 차이를 배우고 공부를 해라. 성격 차는 성의 차이다.

웬수 같은 배우자라도 있어야 한다

01

이 시대 최고의
신랑감은?

나는 아내와 함께 종종 방송에 출연한다. 강의도 하고 패널로도 참여한다. 가정 관련 전문가로서 국내 1호 부부 강사라는 이유 때문이다. 몇 년 전 TV에 출연했을 때의 일이다.

"한국에서 최고의 신랑감은 누구인가?" 하는 주제를 놓

바보야, 결론은 후반전이야

고 TV에서 난상토론을 벌였다. 인기 있는 젊은 연예인들의 이름이 여러 명 거론되었다. 모두가 부드럽고 자상한 이미지의 싱싱한 꽃미남들이다. 그런데 출제자가 바란 정답은 지금은 고인이 된 "송해" 씨였다.

젊고 멋있는 부도남(부드러운 도시의 남자)들을 제치고 고령의 송해 씨가 선정된 것이 의외였다. 그 이유가 더 가관이다.

첫 번째 이유는 늦은 나이에도 현역으로 돈을 벌어 온다는 것이다. 옛날 같으면 산에 가 있어야 할 나이다. 그런데도 장수 프로그램인 〈전국노래자랑〉의 사회를 보고 있고 CF모델까지 하니 수입이 만만치 않은 것이다.

두 번째 이유인즉, 전국의 각종 특산물을 종류대로 받아 온다는 것이다. 전국을 다 돌아다니니 가는 곳마다 지역의 특산물을 선물로 받아온다. 그 나이에도 그러니 1등 신랑감이라고 할 만하다.

압권은 세 번째 이유에 있다. 신랑이 자주 집을 비워준다는 것이다. 다른 사람들은 아내만 바라보는데 그는 매주 그것도 2~3일씩이나 비워주니 주부로서 더 바랄 게 없다는 것이다.

세 번째 이유가 나오자마자 내 아내는 박장대소하며 환

성을 질렀다. 모두가 웃었다. 집을 비우니 밥이나 뒷바라지해 줄 필요도 적어진다. 귀찮게 구는 일도 없으니 그렇게 좋을 수 없다는 것이다.

나이가 들수록 남자들은 아내에게 부담스러운 존재인가?

가부장적 문화에 길든 남자일수록 그렇다. 아내의 희생과 봉사에 신세 지고 살아온 남자들이 문제다. 내가 그렇다. 바야흐로 남편 인생의 수난기이다.

가사 분담을 제대로 해주지 않으니 기력이 달리는 아내들이 짜증을 낸다. 힘들어하는 것도 당연하다. 그래서 나이가 들어갈수록 소꿉놀이하는 어린애처럼 가사 분담을 해가며 오순도순 살아야 한다.

여자는 노년에 혼자서도 잘 살 수 있으나 남자들은 홀로 살기가 상대적으로 어렵다. 혼자 있으면 부부가 함께 식사할 때와 달리 식사를 제대로 못 하게 된다. 먹는 게 부실할 뿐만 아니라 건너뛰거나 대충 때울 때가 많다. 거기에 대화상대도 없고 고독이라는 외로움까지 겹치게 된다. 배우자 상실의 파급효과는 커질 수밖에 없다. 평소 서로 일을 분담하고 협력하는 부부일수록 한쪽 배우자 사망 시 그 충

바보야, 결론은 후반전이야

격은 완화될 수 있다.

미국의 흑인 부부에게는 과부효과가 적다고 한다. 일상의 생활 속에서 가사를 분담하는 것이 생활화되어 있기 때문일 것이다.

남성들이여, 늙어서 돈은 못 벌더라도 목숨이 아깝거든 평소에 아내에게 충성을 다하고 아내 일에 동참하라. 그리하면 방을 빼거나 찬밥 신세는 면할 것이다.

02

아내가 요구하면
나는 항상 OK다

부부간의 대화가 어려운 이유는 남녀의 대화 방식이 다르기 때문이다.

여자는 감정 확대형 공감의 대화법을 사용한다. 과정을 얘기하며 감정을 공유하길 원한다. 그저 들어달라는 것이다. 공감해주고 맞장구쳐 달라는 것이다. 이야기가 시작도 끝도 없다. 거미 궁둥이에서 실타래 같다. 그 끝이 보이지 않는다. 하늘을 두루마리 삼고 바다를 먹물 삼아도 아직도 스토리가 만리장성같이 남아 있다. 여자에겐 "속상하겠구나", "그랬구나" 하는 공감의 말 한마디가 중요하다.

반면 남자는 결론 도출형의 축소 대화법을 사용한다. 남자는 아내의 이야기를 들으면서 문제를 해결해 주어야 한다고 생각한다. 때문에 과정보다는 결론만 듣고 싶어 한다. 배우자의 이야기를 다 듣기도 전에 미리 판단을 내려버린다. 이야기한 내용에 자신의 생각을 덧붙여 단정 지어 대화가 단절된다. 자신이 들은 것이 배우자가 이야기하려고 하는 것의 전부가 아니다.

이렇게 다르니 소통경색이고 대화 단절이다. 꽉 막혔다고 하고 말이 통하질 않는다.

돌이켜보면 가족에게 좀 더 잘해 주지 못한 아쉬움과 회한이 있다. 반세기 넘도록 지지고 볶으며 살아왔다.

그러나 내게도 아내한테 잘해온 일이 한 가지는 있다. 그동안 아내가 무엇을 요구하거나 해달라고 하면 한 번도 거절하거나 "안 돼" 하고 말해본 적이 없다. 무조건 항상 OK다. 살아남기 위한 생존전략이었는지, 아니면 No라고 할 수 있는 용기가 없었는지 모르겠다.

아내의 어떠한 요구에도 긍정적인 대답을 해준 것에 대해 아내는 감사하고 있다. 이 한 가지 사실만 해도 나는 참으로 괜찮은 사람이다?

그런데 여기에 이실직고할 중요한 사실이 한 가지 있다. 항상 OK 했는데 아내에게 해준 것이 아무것도 없다는 사실이다. 정말 별로 해준 것이 없는 것 같다.

아내의 요구에 "그래, 좋아. 해보자" 하며 OK라고 말할 때 나는 진정으로 해주고 싶었다. 그런데 신기한 것이 며칠 지나면 50%는 해줄 필요가 없어진다. 또 1주일쯤 지나고 보면 나머지 50%는 잊어버린다. 2주일쯤 지나면 모든 게 무효. 내가 OK 할 때 아내는 기분이 좋았다. 나 또한 해줄 필요가 없어지니 좋다. 두 사람이 다 좋은 것이다.

내가 "좋아, 해보자" 하면 아내는 '아! 나를 받아들이는 구나. 내 말 들었구나. 나를 인정해 주는구나' 하며 흐뭇해 한다. 받지 않아도 마음은 이미 받은 것이나 마찬가지다. 불평이 있을 수 없다. 있던 불만도 사라진다.

그리고 소속감도 느낀다. 노력을 들이지 않고 얻는 불로

바보야, 결론은 후반전이야

소득이다. 아내들 가슴에는 무궁무진한 불로소득원이 있다. 그저 힘 안 들이고 말 한마디로 얻을 수 있는 엄청난 보고가 아내들에게 있다. 손대면 톡 하고 터질 것만 같은 그런 보고다.

남정네들은 그것을 모른다. 그래서 아내들의 가슴이 시리고 아프다. 평생의 동반자이면서 부부 대화가 안 되는 가정들이 의외로 많다. "말해봐야 나만 손해지. 뻔한 걸 뭘 말해요. 그 인간한테 내가 뭘 바라요" 하며 손사래를 친다. 몇 번 거절당한 경험이 있는 것이다. 말해봤자 번번이 퇴짜다. 들어줄 리도 없고 자존심만 구긴 것이다. 그래서 말하고 싶지 않다. 거절당할 것에 대한 두려움, 그것은 대화의 또 다른 장벽이다.

남편들이여, 아내가 무엇을 요구하면 무조건 OK하고 보자. 그때 행복하고 2주일만 지나면 없었던 일이 되는 것을.

03

그 자식도 한번
당해봐야 해

억센 아내 등쌀에 짓눌려 살아온 한 미국인 남편 이야기
다. 큰소리 한번 못 치고 주눅 들며 살아온 남편이 죽으면
서 말했다.

"여보, 내가 죽거들랑 결혼을 다시 해요. 이웃 마을에 사
는 Mr. 존하고 꼭 재혼하세요."

아내가 기겁하며 물었다.

"아니, Mr. 존은 당신한테 큰 손해를 입히고 고통과 상처를 준 원수잖아요? 왜 하필 그 사람이죠?"

남편이 꺼져가는 목소리로 대답했다.

"그 자식도 한번 당해봐야 해."

한평생 당하고만 살아온 남편의 인생 마지막 바람이었다.

결혼할 땐 다 행복할 것이라고 기대했는데 왜 환상은 상처와 갈등으로 변할까? '이 사람이라면 나한테 잘해 주겠지'라는 기대에서 벗어나기 때문이다.

그러나 결혼은 나를 행복하게 해줄 사람을 찾는 것이 아니다. 내가 행복하게 해줄 사람을 찾는 것이다. 훌륭한 배우자를 만나는 것 이상으로 내가 먼저 훌륭한 배우자가 되는 것이다. 좋은 아내가 아니라고 불평하기 전에 나는 좋은 남편인가를 생각해 보는 것이 순서다.

"당신 나랑 결혼해서 행복해요?"

신문을 읽던 아내가 느닷없이 물었다.

"왜요?"

"20년 이상 결혼생활을 한 부부 중 행복하다고 응답한 사람은 10%도 안 된다네요."

행복하려고 한 결혼에서 왜 행복한 사람이 이다지도 적을까?

우리나라의 이혼율이 OECD 국가 중 1~2위다. 이혼은 부부의 이혼에만 그치는 것이 아니다. 곧바로 자녀 문제와 직결되는 청소년 문제이기도 하다.

이것은 수많은 사회문제와 상처를 남기게 되며 국가의 기초마저 흔들리게 한다. 천문학적 사회비용도 부담해야 한다.

왜 결혼이 이렇게 비극적인 결말을 가져오는가?

그것은 '희생'과 '봉사'에서 어느 한쪽이 일방적으로 손해를 보았다고 느끼기 때문이다. 부부는 평생을 함께 살아오면서도 서로 다른 생각을 갖는 존재다. 그래서 자기중심적이고 이기적인 사람은 서글픈 종말을 맞기 쉽다.

결혼을 Wedding이라고 한다. 그런데 Wedding의 Wed라는 말의 어원이 '도박하다, 내기 걸다'라는 뜻이다. 그럴듯하다. 도박이란 원래 잃을 확률이 높고, 시간이 갈수록 더 많이 잃게 된다. 비록 초저녁에 잃었더라도 새벽녘에 따면 된다. 결혼도 인생살이도 마찬가지다. 후반전에 얼마든지 역전할 수 있다.

결혼은 50:50의 확률이니 괜찮은 셈이고 이길 확률이 매우 큰 게임이다. '나는 이 게임에서 이기고 있나? 지고 있나?' 생각해 보자.

어떤 부부들은 한집에 살아도 독신처럼 살고 있다. 감정을 나누지 못하고 대화가 단절된 채 답답하고 불행한 삶을 산다.

많은 남편들이 악의는 없으나 과묵함과 무뚝뚝함, 버럭 하는 것 등으로 아내를 힘들게 한다. 문제가 있다는 것조차 모른다. 보통 사람들은 문제가 있다는 것을 알면 그 문제를 풀며 살아간다. 남편들은 문제가 무엇인지 모른 채 한평생 살다가 임종하게 되어서야 여러 가지 의미에서 "여보, 미안해" 한다.

사랑이 뭐냐고 물으면 하나같이 "눈물의 씨앗"이라고 합창을 한다. 그럴까? 아니다. 사랑은 대가를 바라지 않고 상대방의 필요를 채워주는 것이다. 부부는 내 욕구가 아니라 상대방의 욕구를 채워주며 살아가는 것이다.

04

버리고 싶은 물건은
오래된 가구와 남편

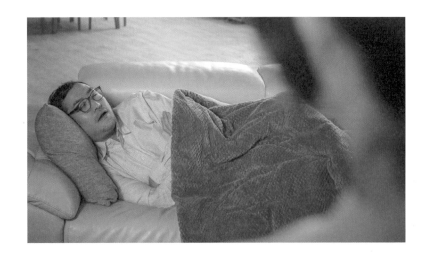

캘리포니아에 사는 한 주부가 색다른 이색광고를 낸 일
이 있다.

"남편을 염가로 양도합니다. 사냥도구와 골프채 그리고
사냥개 한 마리를 덤으로 드립니다."

광고가 나간 후 이 주부는 60여 통의 전화를 받았다. 그

바보야, 결론은 후반전이야

중엔 남편은 필요 없고 사냥도구와 사냥개만 양도할 수 없느냐고 문의하는 사람도 있었다. 또 이미 이혼한 주부들은 이혼 후 겪은 어려움과 후유증을 말하며 말리기도 했다. 이혼 후 자녀 양육과 교육이 힘겨웠다, 외롭다 등을 말하며 웬만하면 참고 살라는 충고들이 대부분이었다.

이혼을 하면 또 다른 행복의 세계가 펼쳐질 것으로 생각했다. 그런데 막상 헤어지고 보니 행복의 열차가 아닌 또 다른 고통의 시작이었다는 것이다. 그래서 이혼한 사람들의 70~80%는 후회를 하는 것이다.

좋아하던 것도 싫증 나면 바꾸고 싶은 것이 사람의 마음이다. 주부들에게 바꾸고 싶은 물건이 무엇이냐고 물으면 '남편과 가구'라고 한다. 농담의 대답에 웃음바다가 된다. 꼭 있어야만 하는 필수품인데도 소유가 되어 버리고 나면 시들해지는 것이 인간의 감정이다. 내 아내가 한마디 거든다. "오래된 가구는 다 바꾸었는데 아직까지 남편은 못 바꾸고 그대로라고… ㅎㅎㅎ."

남편과 가구에는 공통점이 있다. 둘 다 모두 말이 없다. 꼼짝도 안 하려고 한다. 때때로 거추장스럽기도 하다. 정감 있는 언어나 감정의 소통을 할 줄을 모른다. 세월과 더불어 낡아진다. 쓸모나 값어치도 떨어진다. 오래될수록 칙칙해지고 매력도 없다. 버리기도 그렇고 그렇다고 같이 있기도 그렇고….

시인은 〈가구〉라는 시로 부부관계를 묘사하기도 했다. "아내와 나는 가구처럼 자기 자리에 놓여 있다 / 장롱이 그랬듯이 / 오래 묵은 습관들을 담은 채 / (중략) / 본래 가구들끼리는 말을 많이 하지 않는다 / 그저 아내는 아내의 방에 놓여 있고 / 나는 내 자리에서 내 그림자와 함께 / 육중하게 어두워지고 있을 뿐이다."

시어 속에 담긴 언어에 삶의 생기가 없다. 칙칙하고 무생물 같은 느낌이다. 기대나 기쁨도 없다. 설렘도 없다.

우리 부부는 40여 년 전에 자개로 만든 장롱을 구입한 일이 있다. 내 딴엔 큰마음 먹고 아내가 원해서 구입했다. 아내는 그 자개장롱을 바라보며 얼마간 행복해하며 즐감했다. 정교하게 표면에 자개로 만든 사람들과 송아지 모양 그리고 각종 동물들을 계수도 하며 마냥 즐거워했다. 그 장롱은 겉모양이 매우 아름답다. 그런데 얼마가 지나더니 시들해지고 말았다. 이제는 별로 관심도 없다. 그렇게 좋아했고 사랑했었는데도 말이다.

접시꽃 같은 사랑에서 오래된 가구와 같이 변질될 수도 있는 게 부부간의 부박한 사랑이다. 내 아내도 나에 대해서 지금은 접시꽃이 아니라 하늘 같다던 남편을 목석같은 가구쯤으로 사랑이 변질된 것 같다.

잘못된 습관에 익숙해지며 헌 가구처럼 많은 노부부들이 말없이 무덤덤하게 살아간다. 둘밖에 없는데도 말이다. 살날이 얼마나 남았다고…. 남의 말을 들으려 하지도 않는다. 입만 열면 노인성 잔소리이다. 그래서 행복해야 할 가정에 웃음이 없다. 냉기가 도는 거실에는 TV 소리만 들릴 뿐이다.

나이가 들수록 아집에서 벗어나지를 못하고 옹고집스럽다. 태도와 생각을 바꾸면 지옥이 천국이 된다. 그리고 배우자보다 더 좋은 의지할 사람은 없다. 연륜이 쌓여 오래될수록 정이 들고 의지가 된다.

요사이 건배사로 "오이지"를 외친다고 한다. "오해를 이해로 풀면 지금부터 행복"이라는 다짐이다. 광화문 글판에도 올린 장석주 시인의 글이 있다. "대추가 저절로 붉어질 리 없다. 저 안에 태풍 몇 개, 천둥 몇 개, 벼락 몇 개."

지금까지 맞추며 살아온 놈, 천둥 맞고 벼락 맞으며 정으로 농익은 놈이 최고라고 생각하며 지금부터 행복을 위해 "오이지"를 외쳐보자.

나이 들어갈수록 배우자는 더더욱 서로 필요한 존재다. 그래도 믿을 수 있는 놈, 잔소리 해대는 웬수가 최고다.

바보야, 결론은 후반전이야

05

남자들의 행복은
뱃속에 있다

흔히 여자는 사랑과 낭만을 먹고 사는 존재라고 한다. 여자들에게는 결혼생활에서 정서적인 만족이 매우 중요하다. 반면 남자들에게는 정서나 낭만이 삶의 전체라기보다 일부분에 불과하다.

우리 부부가 제주도로 신혼여행을 갔을 때 일이다. 택시를 타고 섬 구석구석을 구경 다니는데 가는 곳마다 풍경이 더할 수 없이 아름다웠다. 아름다운 풍경에 반한 내가 기사에게 물었다.

"기사님, 여기 땅값이 얼마나 해요?"

"한 평에 1~2원 정도 해요."

그때 내 수중에는 7만 원 정도가 있었다. 70여만 평을 계약할 수가 있었다. 나는 신이 나서 아내에게 말했다.

"자기야, 우리 여기 땅 좀 사 놓고 가자."

그런데 아내가 막 화를 냈다.

"우리가 지금 여기 신혼여행 왔지, 땅 사러 왔어?"

그것으로 끝이었다. 그런데 아내는 지금 후회막급이다. 그때 땅을 사놓았어야 하는데…. 나는 아내가 화내는 이유를 이해할 수 없었다. 사업을 하고 싶었던 나는 땅을 사 놓으면 나중에 공장을 지어도 좋고, 그냥 두어도 절로 땅값이 오를 테니 결코 손해 보지는 않을 것 같았다.

반면 아내는 그때 신혼여행의 낭만적인 기분이 확 깨져 버렸다고 한다. 한 폭의 그림처럼 아름다운 풍경 속에서 가슴이 한껏 부풀어 있던 아내는 내 입에서 뭔가 근사한 말이 나오길 기대했다는 것이다.

결국 땅을 사기는커녕 낭만이라고는 손톱만큼도 없는

계산적인 인간으로 찍혀 버렸다. 물론 그 사이 제주도 땅 값이 몇만 배나 뛰었으니 지금쯤은 아내도 후회가 되긴 될 것이다. 그러나 이미 기차는 떠났다.

비라도 우울하게 내리는 날, 분위기 좋은 찻집에 앉아 우수에 젖어보고 싶은 것이 여자라면, 현실적인 문제를 걱정하는 것이 남자다.

생각해 보라. 남자와 여자 둘 다 낭만에만 빠져있다면 현실 세계는 어떻게 굴러가겠는가? 반대로 둘 다 현실 문제를 붙잡고 전전긍긍한다면 삶의 아름다움과 여유는 어디에서 찾겠는가? 비 내리는 날마다 부부가 함께 찻집에 앉아 우수에 젖는다면 가정경제가 제대로 돌아가겠는가? 그렇다고 똑같이 기상청에 불평이나 하고 있다면 얼마나 메마르고 빠듯한 삶이겠는가.

남자와 여자가 서로 다르기에 멋진 조화를 이룰 수 있는 것 아닌가. 그런데도 이런 차이를 존중하지 않는 남자들은 늘 이런 말을 입에 달고 산다.

"배가 불렀구먼. 대체 뭐가 불만이야? 뭐가 부족해?"

남자들에게는 낭만보다는 밥이 중요하다. 남자들은 정

서적인 욕구보다는 생리적인 욕구가 만족되어야 한다. 남자들은 집에 와서 따뜻한 밥 먹고 여우 같은 아내의 소리를 들을 수 있고 볼 수 있다면 그것으로 OK다. 단세포 동물 같다. 하등 동물일수록 먹고 싸는 것이 중요하다. 그래서 남자들의 행복은 배 속에 있다고 한다.

그러나 **여자들에게는 밥보다는 낭만이 더 중요하다.** 낭만은 날마다 반복되는 기계적인 일상을 견디게 하는 영혼의 음식과 같다. 낭만은 사막에 내리는 별빛처럼 무채색의 단조로운 현실을 아름다운 색으로 채색해 준다.

남편들이여, 나와 다르다고 탓하지 말고 낭만을 아는 아내에게 감사하라. 그리고 배워라. 삶을 아름답게 만드는 비법을.

아내들이여, 착각하지 마라. 하등 동물인 내 남편에게도 정서적으로 나와 같은 고등동물의 회로가 있다고.

06

아내를
이기려 하는 자

"결혼에는 고통이 있지만 독신에는 행복이 없다."

– 아프리카 속담 –

어른이 되어서 제일 많이 싸운 상대가 누구일까?

다름 아닌 부부다. 그 이유는 무엇일까? 같이 살기 때문
이다. 사랑이 없어서라기보다 같이 있는 시간이 많기 때문

이다.

부부는 같은 시간, 같은 공간에 살면서 시시콜콜한 일상을 공유하는 사이다. 그러다 보면 친밀감이 쌓이기도 하지만 자잘한 부딪침이 생겨나기 마련이다.

대개의 부부싸움도 바로 이런 자잘한 일상 때문에 일어난다. 인류평화, 세계구원, 남북통일 문제로 갈등하고 싸우는 부부는 거의 없다.

대부분의 부부가 왜 양말을 뒤집어서 벗어놓느냐, 왜 신문은 보고 나서 제자리에 두지 않느냐, 늦게 들어오면서 왜 전화를 안 하느냐, 왜 내 말을 무시하느냐 같은 지극히 사소하고 일상적인 문제들로 싸운다.

부부싸움은 아내가 먼저 걸어오는 경우가 80% 이상이라고 한다. 그런데 원인 제공자는 80% 이상이 남편 쪽이다. 남편들은 먼저 싸움을 걸어오는 아내에게 불만이다. 반면 아내들은 원인을 제공하면서도 모르쇠로 일관하는 남편에게 불만이다.

물론 갈등은 그때그때 해결하고 지나가는 것이 좋다. 신발 속에 작은 모래알 하나가 들어가면 성가시고 불편해서 털어 내야 하는 것처럼 말이다.

바보야, 결론은 후반전이야

문제는 작은 일로 시작한 싸움이 그래, 오늘 너 죽고 나 죽자 식의 전면전으로 확대되는 데 있다. '이번 기회에 버르장머리를 단단히 고쳐 놓고야 말겠어'라거나 '끝내 이기리라'라는 생각으로 덤벼들기 때문이다.

그러나 부부싸움은 하나를 쳐부수고 하나가 살아남는 서바이벌 게임이 아니다. 한쪽이 따면 한쪽은 잃는 도박 같은 제로섬(zero-sum) 게임도 아니다.

힘으로 억지로 이겨봤자 상대의 가슴에 생채기만 맺힌다. 당장에는 승전가를 부를 수 있을지 모르지만 멀리 보면 상대의 가슴에 입힌 상처가 행복한 가정의 발목을 잡을 뿐이다.

손익을 계산해 보면 남는 것이 아무것도 없다. 도리어 배우자의 마음만 잃는다. 그래서 세상에서 가장 어리석은 남자가 아내와 싸워 이기는 남자다.

부부싸움은 져 주기 위해서 해야 한다. 가능하면 흔쾌한 마음으로, 상대가 이길 수 있도록 져 주는 것이 정말로 이기는 방법이다.

져 주는 것, 용서하는 것은 실력 있는 사람만이 할 수 있는 능력이다. 용서에는 말할 수 없는 보상이 따라온다. 사랑은 용서라는 말과 동의어다.

할리우드 배우들은 이혼을 많이 한다고 소문이 나 있다. 그러나 덴젤 워싱턴은 네 자녀와 함께 행복한 결혼생활을 유지하고 있는 흔치 않은 배우다. 그는 행복한 결혼생활의 비결을 묻는 기자에게 이렇게 대답했다.

"난 언제나 이렇게 말해요. '여보, 당신이 옳아요(Honey, You're right)'라고요."

이런 이야기를 들으면 '이 사람은 정말 도가 텄구나' 하는 생각이 든다. 사람의 인격은 운전할 때, 도박할 때, 싸울 때 드러난다. 열등감에 사로잡힌 못난 사람일수록 상대를 상처 입혀서라도 끝까지 이기려 든다. 한마디로 밴댕이 속이다. 진정 실력이 있고 자존감이 높은 사람만이 상대에게 너그럽다.

아내에게 기어오르거나 이기려 대들지 말자.

지는 게 이기는 것이다. 기어올라야 할 곳은 알프스산이고 세상이다.

07

러브 파트너(Love partner),
라이프 파트너(Life partner)

결혼은 최고의 선택과 판단을 필요로 한다. "결혼은 판단력의 부족으로, 이혼은 이해력의 부족으로, 재혼은 기억력의 부족으로 하게 된다"라는 말이 있다. 낭만과 사랑으로 결혼했지만 절망의 현실 앞에서 이혼하게 된다. 이상과 현실은 다르다.

내 아내에게 물어보았다. "돈이 많아도 못생긴 남자와 돈은 없어도 잘생긴 남자 중에 하나를 골라야 한다면 당신은 누구를 선택하겠어?"

아내가 휙 쳐다보더니 두말 않고 "돈도 많고 잘생긴 남자"라고 대답한다. 그래서 내가 "산 좋고 물 좋고 정자 좋은 곳이 어디 있어?" 하고 웃고 말았다.

젊은이들 축제 마당에서 미혼 남녀를 위한 특강을 한 적이 있다.

남자 대학생들과 미혼 청년들에게 이상적 배우자상을 물어보았다. 남자들은 하나같이 외모지상주의자들로 얼굴이 예뻐야 한다고 한다. 거기에 더해 바람도 많고 꿈도 야무지다.

"학벌이 좋아야 하고, 얼굴이 예쁘고 상냥하며, 키가 크고 늘씬하며, S라인에 다리는 쭉쭉 빵빵, 좋은 가문에 교양과 품위가 있고, 온순하고 순종적이어서 드세지 않고 다소곳하며, 낮에는 친구 같고 밤에는 요부 같으며, 심심할 때 동생 같고, 외로울 땐 누나 같고, 힘들 땐 어머니같이 헌신적이고, 아프지도 않고 성내지 않으며, 요리나 청소는 완벽하게 해내고, 보석이나 패물을 좋아하지 않으며, 돈 잘 벌고, 애 잘 낳고, 이른 새벽부터 밤늦게까지 일해도 지치지 않는 슈퍼우먼….” 등등 그 바람이 끝이 없다.

듣고 있던 내가 “그런 사람이 어디 있나? 그런 사람이 있으면 내가 갖지, 여러분한테 주겠는가? 그런 사람은 지상에 없다. 그러니 혼자 살아라” 해서 모두가 웃고 말았다.

동화 속 신데렐라는 유리 구두를 신고 백마 탄 왕자를 만나게 되는 스토리다. 사람들은 신데렐라 콤플렉스 같은 마법에 걸리기도 한다. 결혼은 동화 속의 이상향이 아니다.

결혼이란 서로 다른 사람이 만나 교집합으로 살아가며 조화를 이루어 가는 패치워크(Patchwork)다. 서로 다른 사람이 만나 다른 개성을 지닌 채 조화를 이루며 살아가는 것이다. 뜨거웠던 열정은 시간과 더불어 차가운 현실로 바뀐다.

결혼에는 3개의 링(Ring)이 있다. 첫째는 약혼반지(Engagement Ring), 둘째는 결혼반지(Wedding Ring), 셋째는 서퍼링(Suffering/고통)이라고 한다. 기쁨과 행복이 있는가 하면 고통과 아픔이 따르게 된다.

낭만의 열차만 타고 가는 것이 아니다. 현실을 살아가면서 끊임없이 엉키고 부딪치기도 한다.

러브 파트너(Love partner)는 사랑스럽고 마냥 즐겁고 좋기만 하다. 신바람이 난다. 설렘과 기대가 있다. 모두가 아름답기만 하다. 심각한 갈등은 별로 없다. 그러나 부부로 같이 살아가는 라이프 파트너(Life partner)는 다르다. 사랑의 관계에서 생활의 관계로 바뀌었다. 삶이 우선이다. 서로 다른 개성이 부딪친다. 갈등과 고통이 있기 마련이다. 한 사람을 선택했다는 것은 사랑도 택했지만 고통도 함께 선택했다는 의미다.

부부는 동화 속의 공주와 왕자가 아니다. 결혼생활은 실존적 삶의 현장이다. 나는 왕자가 될 준비를 못 하면서 상대가 공주이기를 바라니 문제다. 배우자가 훌륭한 사람이길 바라지 말고 내가 먼저 훌륭한 동반자가 되는 것이다.

08

배우자를 바꾸겠다는 생각,
꿈 깨라

세상에는 3가지 타입의 사람이 있다.

① 손익을 계산하지 않고 베푸는 '기버(Giver)'

② '상대방으로부터 이득을 취하기만 하려는 '테이커
(Taker)'

③ 준 만큼 받아야 하는 '매처(Matcher)'

『베푸는 사람이 성공한다』의 저자이며 심리학자인 애덤 그랜트(Adam Grant)의 말이다.

현대사회를 살아가는 대부분의 사람들은 저마다의 손익 계산서를 가지고 'Give & Take'를 반복한다. 허나 통계적 결론은 행복하거나 성공하는 사람들의 대부분은 기버 타입이라는 것이다. 사회생활뿐 아니라 가정에서도 마찬가지다. "내가 이만큼 희생했으니 너도 이건 포기하라." 이것은 거래적 관계다.

결혼은 손익계산 할 수 있는 것이 아니다. Give & Take 관계나 서바이벌 게임도 아니다. 결혼생활은 나의 반을 버리고 상대의 반을 수용하는 것이다. 아니, 상대 전체를 받아들이는 것이다. 서로 비움과 채움으로 교집합 하며 살아가는 것이다.

'바라는 배필'은 자기중심적이다. 배우자가 자기 필요를 채워줄 것을 항상 기대한다. 이기적이고 자기중심적이다. 그래서 갈등한다. 그러나 돕는 배필은 배우자의 부족함을 알고 채워주려고 노력한다. 자신의 부족함도 알고 이타적이다.

바라는 배필이 불평, 불만 속에 살며 파국으로 가는 불행한 커플이라면 돕는 배필은 다르다. 서로 조화를 이루며 행복의 성을 쌓아가는 부부들이다. 과연 나는 돕는 배필인가, 바라는 배필인가?

나는 결혼 초 아내의 이런저런 점을 고쳐보려고 노력했다. 잔소리도 해보고 윽박질러도 봤지만 다 헛일이었다. 상대를 변화시키려고 하면 할수록 갈등의 골만 깊어졌다. 배우자는 길들여지는 존재가 아니었다.

결국 내가 생각을 바꾸기로 했다. 내가 변하니 아내가 바뀌었다. 배우자를 변화시키는 확실한 방법은 내가 변하는 것이었다. 상대를 변화시키는 것보다 내가 변하는 것이 훨씬 쉽고 빠른 방법이다.

잔소리와 지적으로 바뀌는 사람은 없다. 사랑은 상대를 있는 그대로 수용하는 것이다. 강점은 물론 약점까지도 그대로 수용하면 어느새 단점이 장점으로 바뀐다. 부부는 장점뿐 아니라 단점까지도 수용하고 보완하는 관계다. 약점은 사랑으로 수용하는 풍토에서만 개선될 수 있는 것이다. 내가 가진 것은 상대에게 없고 상대가 가진 것은 나에게 없다. 그런데 나는 항상 100점이고 상대는 30점이라고 생각하니 문제다.

결혼은 100점짜리 완벽한 남편과 100점 아내가 만나 200점으로 사는 것이 아니다. 부족한 20점짜리와 30점짜리가 만나 100~200점을 향해 가는 것이다. 시너지 효과가 나타난다. 부부같이 격의 없는 사이는 없다.

진정한 사랑은 두 사람의 모자람과 넘침이 만나는 교차점에서 보완된다. 결혼은 완전한 사람을 위한 제도가 아니다. 불완전한 사람을 위한 제도이다. 배우자가 변하길 바란다면 내가 먼저 변해라.

나이 들어서까지 상대를 바꾸어 보려 시도하고 있는가? 중년을 넘어서도 상대를 변화시켜 보겠다는 야무진 생각일랑 버려라. 꿈을 깨라.

바보야, 결론은 후반전이야

09

과부효과
(widowhood effect)

이느 날 발목을 다친 나를 보고 내 아내가 불쌍하다고
했다. 그래서 "나는 아니야, 나는 쌍이 있어 불쌍하지 않
아"라고 했다.

모든 생물은 쌍을 이루어 살아가게 되어 있다. '불쌍不
双'하다는 것은 짝이 없다는 것이기도 하다. 또 '불상不常'한

것은 정상이 아니라는 뜻일 수도 있다. 특수한 경우가 아닌 한 홀로 산다는 것은 가엽고 안쓰럽고 애처로운 것이다.

'과부효과widowhood effect'라는 말이 있다. 배우자가 세상을 떠나게 되면 남은 한쪽의 수명이 짧아져 일찍 죽게 되는 현상을 말한다. 배우자와의 사별이 그만큼 노년의 사회생활에 영향을 미치는 것이다.

라이스대 연구팀은 배우자를 잃은 후 배우자 상실로 인한 스트레스가 염증성 생체지표를 혈중에서 19% 증가시켰다는 것을 발표했다. 극심한 슬픔은 심혈관 질환을 일으켜 조기사망을 가져온다.

미국 하버드대에서 보건정책을 연구하는 크리스타 키스 교수도 나이 68세를 넘은 부부 40만 쌍을 조사한 일이 있다. 배우자 사별의 경우 백인들은 9년 이내에 사망위험이 18% 증가했고 여자들은 16%가 증가했다.

영국 센트루이스대 연구팀도 1991년부터 58,000쌍을 조사한 결과 배우자와 사별한 경우 여성은 40%, 남성은 26%가 3년 안에 죽었다는 통계가 나왔다.

심지어 40명은 배우자를 잃고 난 후 10일 안에 사망했으며 특히 12명은 배우자가 죽은 당일에 목숨을 잃기도 했다.

이러한 과부효과는 노년만이 아니다. 차이는 있지만 중년이나 젊은 층에도 비슷한 경향이 있다.

배우자가 있다는 것은 최고의 축복이다. 때때로 갈등하고 원수 같더라도 말이다. 의지할 사람이 있으면 정서적 안정감을 갖게 된다. 그것은 건강에도 선 기능으로 작용한다.
암 환자를 치료하는 데 있어 배우자 유무의 연관성을 조사한 결과도 있다. 암에 걸린 싱글남은 배우자가 있는 사람에 비해 생존율이 26%나 낮고, 싱글여성도 남편 있는 여성에 비해 사망률이 19% 높았다. 유배우자가 암 치료에도 크게 도움이 되는 것이다. 배우자의 헌신적인 간호와 지지가 생존에 긍정적 영향을 미치기 때문이다. 이런 이유로 싱글생활이 흡연보다 더 나쁘다고 주장하는 학자도 있다.

배우자를 잃는다는 것은 인생 최대의 상실이고 최고의 심리적 충격이다. 하나같이 우울증과 심리적 공황에 빠지게 된다.
평소에 가사를 서로 나누어 분담하고 알콩달콩 살며 협력해온 부부는 그렇지 않은 부부보다 과부효과가 적다.
배우자가 있게 되면 게으름을 피우거나 딴짓을 할 수가

없다. 잔소리도 들어야 한다. 긴장도 해야 한다. 눈치도 보고 숨죽이며 살아야 한다. 약간의 긴장과 스트레스가 있기 마련이다.

수족관의 상어처럼 아내라는 웬수가 남자의 생존에는 고마운 존재다. 아내는 남편의 수명을 연장해주는 최고의 조력자이다.

어느 날 갑자기 배우자 중 하나가 건강이 악화되었다. 끝까지 그 곁에서 대소변 가리며 병 수발하고 도와줄 사람이 누구인가? 배우자밖에 없는 시대다. 그래서 국가에서 해주는 어떤 무상복지보다도 가장 좋은 사회복지 시스템은 배우자가 있는 것이다.

특별히 남편들아! 목숨이 아깝거든 평소에 아내한테 충성을 다해라. 그리고 아내 일에 적극 동참해라. 아내 말에 고분고분하라. 와이프 보이(wife boy)처럼 종노릇 해라. 그것이 최고의 노후 대책일지니….

바보야, 결론은 후반전이야

10

남편 역할,
다른 사람이 대신할 수 있나?

길거리에 금반지와 은반지가 떨어져 있다. 어느 것을 주워야 할까? 금반지? 그러면 은반지는 버릴까? 아니다. 둘 다 주워야 한다.

일과 가정도 그렇다. 어느 하나를 버릴 수 없다. 두 마리 토끼를 잡아야 한다. 일과 가정은 두발자전거와 같다. 조화와 균형을 이루지 못하면 삶이 제대로 굴러가지 못한다.

일반적으로 남자들은 일을 더 중요하게 여긴다. 이른 새벽부터 밤늦게까지 앞만 보고 달린다. 그러다 보니 아내나 가족이 눈에 들어오지 않는다. 직장에서는 100점인데 가정에서는 0점이다. 하숙생 남편에게 가정은 하숙집이다.

아내들은 일보다 가정을 더 중요시 한다. 불행한 부부관계가 성공의 장애가 된다. 설사 사회적으로 크게 성공했다 해도 그것이 곧 발목을 잡는다.

『부유한 노예(The Future of Success)』를 쓴 로버트 라이시는 가족과 많은 시간을 함께하기 위해 장관직을 사임한 사람이다. 옥스퍼드와 예일 대학에서 경제학과 정치학, 법학을 공부했다. 그는 클린턴 행정부 시절 노동부 장관직에 올라 하루 15시간 이상 열정적으로 일했다. 그러던 그가 돌연 장관직을 사임하고 가족의 품으로 돌아갔다. 많은 사람이 놀라움을 금치 못했다.

그의 이런 선택 뒤에는 성공에 대한 새로운 깨달음이 있었다. 그가 하루 15시간 이상 일에 매달리는 동안 그만큼 가족과 함께 나누는 삶의 기쁨들도 사라졌다.

바보야, 결론은 후반전이야

'자기 자신'을 팔아야만 하는 신경제 체제에서는 자신의 상품 가치를 끝없이 제고하지 않으면 낙오할 수밖에 없다. 더 많은 것을 소유하고 더 중요한 자리에 올라갈수록, 그것을 지키기 위해서 필사적으로 일해야만 한다. 세상은 더 많은 시간을 요구하고 가족과의 관계는 소원해질 수밖에 없다.

그가 장관직을 사임한 것은 뒤늦게나마 이런 사실을 깨달았기 때문이다. 밖에서 승승장구 잘나간다 해도 가족과 함께 행복을 나눌 수 없다면 비극이다.

직장이 삶을 위한 공간이라면 가정은 행복을 위한 공간이다. 성공은 짜릿한 성취감을 맛보게 하지만 그 성공의 열매를 나눌 수 있는 공간은 가정이다.

별을 연구한다고 하늘만 바라보며 뒤로 걷다가 호수에 빠져 죽은 사람 이야기가 있다. 목표만 바라보고 가다가는 가장 소중한 것을 잃을 수 있다. 지구촌을 누비며 사업을 하더라도 가정을 잃으면 모든 것을 잃는다.

미국의 클립베르 목사는 매우 큰 교회에서 목회를 하고 있었다. 그런데 어느 날 갑자기 아내가 의식불명이 되었다.

그는 당장 교회를 사임했다. 교인들이 사임 철회를 요구했다. 클립베르 목사는 간병인을 대어 돌볼 테니 목회 일에만 전념해 달라는 교인들의 간곡한 만류를 끝내 뿌리쳤다.

"교회 일은 나 말고도 대신할 사람이 있습니다. 그러나 남편 역할은 대신할 사람이 없습니다. 설교도 다른 사람이 대신할 수 있습니다. 그러나 내 아내를 사랑하는 남편의 역할은 다른 사람이 할 수 없습니다. 나보다 내 아내를 더 사랑하는 주님이 내 아내를 데려가실 때까지 나는 내 아내를 돌봐야 합니다."

그가 교회를 떠나면서 전한 마지막 메시지다. 클립베르 목사는 가정의 진정한 가치를 깨달은 사람이다.

회사 일은 다른 사람이 할 수 있다. 그러나 남편 역할은 다른 사람이 대신할 수 없다. 내 아내를 사랑하는 것은 나만이 할 수 있는 내 영역이다.

바보야, 결론은 후반전이야

11
지금, 이 순간
사랑하라

만약 당신에게 주어진 삶이 한 달밖에 남지 않았다고 가
정해 보자. 세상을 떠나는 삶의 마지막 순간에 최후 한마
디를 한다면 당신은 배우자에게 무슨 말을 남길까?

많은 사람들이 죽음을 맞이하는 최후의 순간에 배우자에게 한결같이 남기는 말이 있다. 바로 "미안해"이다.

왜 떠나는 사람은 남은 사람에게 모두 "미안하다"라고 말하는 것일까? 마지막 순간이 되어서야 많은 상처를 주고받으며 살아온 날을 후회하는 것이다. "미안하다"라는 말 속에는 수많은 의미가 담겨 있다.

'그동안 잘해 줄 수 있었는데 그렇게 못 해서 미안해', '그동안 상처 주어서 미안해', '고생시킨 것 미안해', '무거운 짐 다 맡기고 먼저 가서 미안해'.

부부가 서로에게 원하는 것은 세계 평화나 인류 복지 같은 거창한 구호가 아니다. 마음만 먹으면 살아있는 동안 충분히 해줄 수 있는 작고 소박한 소망들이다. 막상 들어주고 싶어도 더 이상 들어줄 수 없을 때가 온다. 그제야 후회가 되는 것이다.

40대의 젊은 나이에 죽음을 맞은 아내가 있었다. 남편은 속으로는 아내에게 늘 고마운 마음을 가지고 있었다. 그런 아내가 갑자기 암 선고를 받게 되었다. 아내가 수술대에 올랐을 때, 남편은 이 기막힌 현실을 받아들일 수가 없었다.

160

몸속에는 암세포가 서서히 자라나고 있었지만 가족을 위해 헌신하느라 자신의 몸을 돌보지 못했다.

그런 아내에게 한 가지 작은 소망이 있었다. 가족 여행을 함께 가는 것이었다. 그래도 귀여운 아이들이 어렸을 땐 가족끼리 손잡고 놀이공원에도 가고 그랬는데…. 남편은 일에 쫓기고 아이들은 공부에 쫓기고, 그저 늘 살기에 바빴다.

"여보, 우리 언제 둘이서 여행 한번 가요. 바다도 보고 싶고…."

"그래요."

아내의 여린 목소리가 가슴을 후비며 목이 메게 했다. 그런데 죽음을 눈앞에 둔 아내가 남편의 손을 잡으며 말했다.

"여보, 미안해요."

혼자 남겨질 남편이 안쓰러웠던 것이다. 그러나 정녕 미안한 사람은 남편이었다. 남편은 아내의 손을 잡고 울음을 터뜨렸다. 부부가 함께 여행 한번 가는 일이 뭐 그렇게 어려운 일이었을까? 아내가 살아만 준다면 그런 여행쯤은 천 번 만 번 갈 수 있는데, 남편은 얼굴을 쥐어뜯으며 오열했다.

후회는 항상 늦게 하기 마련이다. 부부란 지상에서 맺어진 기막힌 인연이다.

부부의 행복이란 살아있는 동안만 누릴 수 있는 한정된 은총이다. 부부는 두 개의 시곗바늘과 같다. 하루에도 몇 번씩 만났다 헤어지기를 반복한다. 그러나 두 개의 바늘 중 어느 한 개가 고장 나면 시계로서 기능은 끝이다.

부부도 마찬가지다. 배우자가 곁에 있을 때는 그 소중함을 모른다. 바쁜 일상 속에 묻어 버린다. 그러다 더 이상 함께할 수 없는 날이 온다. 그제야 절실함이 사무쳐 회한의 눈물을 흘리며 가슴을 친다.

'다음 기회에…'라고 미루지 마라. 미안해할 때는 이미 때가 늦었다. 숨 거둘 때가 되어서야 미안해하지 말고 곁에 있을 때 잘해 주어라. 힘 있을 때 사랑하라. 사랑하고 싶어도 더 이상 사랑할 수 없는 날이 온다. 사랑할 수 있을 때 사랑하라. 현재, 지금, 이 순간, 온 마음을 다해….

배우자로부터 채움받기를
바라는 욕구 5가지

남편의 바람

1. 성적인 만족감

2. 취미활동이나 관심에 동반자가 되어줌

3. 쉴 수 있는 분위기

4. 아름다운 몸매

5. 칭찬, 인정, 존경

아내의 바람

1. 부드러운 보살핌(인정, 배려, 사랑, 관심, 이해)

2. 대화의 상대가 되어줌

3. 신뢰할 수 있는 기둥

4. 재정적 안정감

5. 가사에 분담 동참

가정도
경영이다

01

변화하는 가정에
위기가 없다

'너 없이 못 살겠다'라고 매달리다 '너 때문에 못 살겠다'
라고 한다. 하루아침에 팽당하는 아내나 남편들은 격세지
감에 괴로울 것이다. 세상에 영원한 것은 없다. 베이컨이
말했다. "남편에게 있어서 아내란 초년에는 여주인공이고,
중년에는 친구이고, 노년에는 유모다."

아내들은 착각한다. 연애 시절 남자가 잘해 주면 평생 호강할 것이라 나름대로 온갖 상상을 하고 결혼에 대한 환상적인 밑그림을 자세하게 그려놓는다. 그러다 결혼생활이 시작되면서부터 그림에서 조금만 비켜져도 남편을 몰아세운다.

"당신, 결혼 전에는 일주일에 최소한 한 번 극장 가고 외식하고 청소같이 힘든 일은 도맡아 하겠다고 했잖아. 아이 생기면 육아도 무조건 반반이라고 약속도 했고. 그런데 한 가지도 지킨 게 없어. 이건 사기 결혼이야!"

아내들은 결혼 전에 남자들이 미끼로 던졌던 약속의 파기에 울분을 토로한다. 연애 중인 남자의 약속이나 정치가의 공약은 모두가 헛소리다. 公約이 아니고 空約일 뿐이다. 그 소리를 믿는 게 어리석은 일이다. 속는 것이 결혼을 앞둔 여자들이고 선량한 국민들이다.

남자들은 콩깍지 씌면 사랑하는 여성을 위해 하늘의 별도 따주고 싶은 심정이다. 당연히 뭐든 해주겠다고 말한다. 그 시기엔 그럴 마음이 100%였을 것이다. 그러나 막상 결혼하면 생각이 달라진다. 잡은 물고기에게 먹이 줄 필요가 없어지는 것이다. 결혼이라는 하나의 목표를 이루었으니 이제 또 다른 목표를 향해 돌진해야 하는 기질 때문이다.

그러는 사이 아내에게는 다소 소홀하게 마련이다. 사랑하니까 이해하려니 생각하고 무심하게 지나친다. 문제는 이런 남편의 심정을 이해할 아내가 지구상에 없다는 점이다.

아내들은 눈앞에 보이는 태도가 더 중요하다. 아무리 가슴 깊이 사랑한다 하더라도 듣지 못하고 느끼지 못하면 소용없다. "여보, 사랑해!" 한마디가 "밥 줘!"보다 쉽게 나와야 하는데 남성들은 이런 표현에 미숙하다. 돈 드는 것도 아닌데 너무나 말에 짠돌이다. 말 한마디가 천 냥 빚이 아니라 평생을 보장해 는 보증 수표인데도 말이다.

불과 30여 년 만에 달라진 문화 속에서 남정네들은 옛날에 안 하던 짓도 해야 살아남는다. 그것이 노후 대책이 될 수 있다.

가정의 파탄은 어느 날 갑자기 오는 것이 아니다. 같이 부딪치며 살아가는 소소한 일 그리고 일상생활의 관계에서 비롯되는 것이다.

사랑을 표현하고 손잡아 주고 가사도 분담하면서 변화된 모습으로 살아가야 하는 이유가 여기에 있다. 오늘 좋다고 내일도 좋은 것이 아니고, 내일 좋다고 미래가 보장

되는 것도 아니다.

뱀은 껍질이 단단해지므로 주기적으로 껍질을 벗어야 한다. 껍질을 벗지 못하는 뱀은 껍질에 갇혀 죽기 마련이다.

우리는 고착화된 관습과 생각의 껍질을 벗어야 한다. "떠나라. 떠나지 못한 이유가 많아지기 전에 무조건 떠나라." 스스로 갇혀 있는 울타리에서 벗어나 변해야 한다.

나이를 먹어보니 한 가지 확실한 사실은 영원한 것은 없다는 것이다. 영원해 보이는 것도 조금씩은 다 변해왔다. 변화는 거부할 수가 없는 밀물이다. 변화를 받아들이는 사람만이 생존할 수 있고 여기에 노년의 평안과 행복이 있다.

남성들이 나이를 먹으면서 초라해지는 것은 변화에 민감한 여성과 달리 변화를 따라가지 못하기 때문이다. 21C를 대표하는 한 단어를 꼽는다면 "변화(change)"라는 말이다.

영원한 것은 없다. 실제로 남자들은 변해야 한다. 변화해야 살아남는다. 변화하는 가정에 위기가 없다.

02

부자유별,
부부유친

어느 남편이 어머니와 아내 사이에서 갈등을 겪으며 힘들어하고 있다. 아내 편을 들자니 어머니께 불효하는 것 같고, 어머니 편을 들자니 나 하나 믿고 시집온 아내를 슬프게 하는 것 같으니 말이다.

그동안 한국의 가정문화는 가부장적 유교 윤리가 지배

했다. 부부는 유별하고 부자는 유친해야 한다고 했다. 그래서 아내 사랑보다 어머니께 효도하는 것을 더 중하게 여겼다.

오죽하면 어머니는 한번 가시면 다시는 못 모시지만, 아내는 또다시 얻으면 된다는 말이 공공연히 있을까.

얼마 전 이제 막 결혼한 젊은 남편을 만났다. 그에게 아내와 어머니가 갈등이 생기면 어찌하겠느냐고 물었더니, "어머니요? 어머니는 내가 어떠한 잘못을 저질러도 모자 관계를 끊을 수 없지만, 아내요? 아내는 한번 헤어지면 다시는 안 돌아와요. 그러니 아내를 꽉 잡아야 해요."

젊은이의 생각이 이렇게 변했을까? 그 말이 참으로 그럴듯하게 들렸다.

결혼 예비교육을 할 때 남편은 어떤 경우에도 아내와 한몸(한편)이 되어야 한다고 가르친다. 아내를 적극적으로 지지해야 한다고 강조한다.

남편은 아내와 결혼했고 어머니를 떠나 새로 독립된 가구를 형성하고 새로운 가정문화를 만들어 나가야 하는 것이다. 아들이 그 아내와 행복하게 사는 모습을 보이는 것이 참다운 효도다.

우선은 아내를 사랑하고 지지하고 배려해야 한다. 그래서 아내가 감동하면 자연히 어머니를 존경하고 순종하고 사랑하게 될 것이다. 남편의 사랑과 인정을 받지 못하는 아내가 어찌 시어머님을 사랑할 수 있을까?

흔히 '효자 남편'과는 살기 힘들다고 한다. 추남은 용서해도 마마보이는 못 봐주겠다고 한다. 부모로부터 떠나지 못하므로 고부간 갈등이 생기고 부부가 하나 될 수 없으며 가정에 평안이 없다. 고부간 갈등 해결의 열쇠는 남편이 아내를 뜨겁게 사랑하는 것이다.

두 사람 사이에서 갈등이 있을 때 서로 화해하도록 시도하는 것은 오히려 두 사람의 관계를 악화시킬 수도 있다.

자녀들이여, 부모로부터 떠나라. 부모들이여, 자녀를 떠나보내라. 그리고 자녀로부터 떠나라.

자녀도 심정적으로나 경제적으로 부모로부터 떠나야 하지만 부모도 자녀로부터 떠나야 한다. 한집에 살거나 옆집에 살아도 떠날 수 있다. 그러나 미국에 살면서도 떠나지 못하기도 한다.

때로는 며느리와 지나치게 밀착된 아들이 얄미울지라도 어머니는 아들 며느리 사이에 끼어들 것이 아니라 옆으로 비켜서 있어야 한다(not between but beside). 그러면 아들 내외도 우리 내외가 그랬던 것처럼 싸우기도 하고 화해도 하고 지지고 볶으며 자기들 나름의 문화를 만들어 갈 것이다. 이것이 하나님께서 우리에게 주신 생육하고 번성하라는 명령을 실천하는 것이다.

삼강오륜에는 부자유친(父子有親), 부부유별(夫婦有別)이다. 그러나 남자가 부모를 떠나(부자유별) 아내와 한 몸이 될지니(부부유친), 현대에는 역(逆) 삼강오륜이 되어야 가정이 산다. 부자는 유별하고 부부는 유친하는 것이 답이다.

03

아들들아,
63세에 죽으라고?

인생 칠십(人生 七十)이 아니라 인생백세고래희(人生百歲古來
稀) 시대다.

서울 모 대학에서 실시한 설문조사 내용이다.

부모한테 가장 원하는 것이 무엇인가? 40%가 "돈"이라고 대답했다.

또다시 물었다. 부모가 언제 죽으면 좋겠는가? 대답인즉 부모 나이 "63세"에 죽길 바란다고 했다. 왜? 그 이유는? 100세 시대인데?

은퇴 후 퇴직금 받았으니 다 쓰지 않고 남아 있을 때 죽으라는 것이다. 현대판 저질 고려장이다.

자식 잘 키우면 축복이다. 그러나 인성과 신앙이 결여된 자녀 양육은 재앙이 될 수 있다.

세상에서 제일 아름다운 꽃은 '자식 꽃'이다. 자식이란 때로 부담과 짐이 되기도 하지만 가장 큰 행복감을 주는 사랑과 귀여움의 선물이기도 하다.

부모 자식 간의 사랑만큼 고귀한 것이 없다. 부모의 사랑은 무조건적이고 내리사랑이다. 그래서 때로 짠하기도 하고 애틋하기도 하다.

자식 키워보지 아니한 자, 부모 마음을 이해할 수 없다. 눈에 넣어도 아프지 않을 만큼 자식한테 사랑을 투영하는 게 부모 마음이다. 사랑의 화신이 있다면 부모의 심장이고 모정일 것이다.

열 자식 있다고 한 자식에게 10분의 1의 사랑을 주는 게 아니다. 열 자식 하나 하나에게 10의 사랑 전체를 주는 게 부모다.

나는 진 땅 걸어가도 자식은 마른 땅 위를 걷기를 바란다. 오직 한 가지, 자식 잘되기를 바라며 전부를 투자하는 게 부모다.

대가나 보상을 바라는 것도 아니다. 때론 우산이 되어주고 그늘이 되고 토양이 되며 버팀목이 되어주는 것이다.

한 부모는 열 자식을 거둘 수 있지만 열 자식은 한 부모를 보살피지 못한다.

자식 키우며 자녀 때문에 눈물 안 흘려본 부모가 어디 있으랴.

열 손가락 찔러 안 아픈 곳 없듯 어느 자식의 고통과 아픔이 나의 아픔이 아닐 수 있던가?

어린 자녀가 병앓이에 심히 고통스러워할 때면 부모 심장은 타들어 가는 것만 같다. 자녀가 고통에서 벗어나 나을 수만 있다면 내가 너를 위해 무엇인들 못 하랴. 내 눈을 뽑으랴, 내 심장을 빼랴. 어떤 희생을 해도 무엇을 주어도 아까울 것이 없는 게 부모 마음이다.

그래서 부모의 또 다른 이름은 희생이기도 하다. 그런데 부모 자식 간의 이렇게 순결한 사랑도 변질되고 그 순도가 흐려지고 있는 것이 오늘날의 부박한 세태다.

배수진을 치고 이 나라를 일구어온 세대들이여! 각성하자. 63세에 죽으라고!!!

63세는 평균 수명도 아니다. 그런 말 하는 자식들을 위해 돈을 남겨둘 이유가(명분이) 없다. 끝까지 다 쓰고 죽는 쓰죽회 회원이 되자. 100세까지 누리며 잘 쓰고 다 쓰고 가자.

돈 앞에 불효자가 없다는데 퇴직금 다 쓰기 전 63세에 죽으라고 – 이것은 돈바라기 자녀인 소수의 부류로부터 나온 통계적 오류일 뿐이다. 부모 자식 간의 애틋한 정과 관계는 돈으로 환산할 수 없는 지고의 가치와 사랑과 행복이다.

그것을 저버릴 자가 누구일까?

네 부모를 공경하라. 그리하면 상속을 받을 것이요 이 땅에서 잘되고 장수하리라.

04

할아버지, 할머니가
가족인가?

가정이란? 가장 작은 단위의 사회로 사랑을 퍼 올리는 우물이요, 행복의 보금자리다. 영원한 마음의 고향이요, 애증이 교차되는 원초적 공간이다.

가족은 혈연, 인연, 입양 등 사랑으로 연결된 친족집단이다. 가족을 사랑하는 것처럼 고결하고 순결한 사랑은 없다.

사랑이 결여된 가정은 가정이 아니다. 인간은 사랑과 감성을 먹고 사는 존재다. 그런데 근래는 그런 사랑이 희박해지고 있다. 소속감이나 유대감도 느슨해지고 있다. 정상적 가정이라면 끈끈한 사랑으로 연결된 어른들이 있고 부모 자식도 있어야 한다.

청소년들을 대상으로 한 "할머니, 할아버지를 가족이라 생각하느냐?"라는 설문조사 통계가 있었다. 23.4%의 청소년들만이 그렇다고 대답했다. 4분의 3의 청소년들이 할머니, 할아버지는 가족이 아니라는 것이다. 조부모님을 가족으로 생각하지 않는 비율이 10년 전에 비해 10여 배 늘어났다.

그에 반해 기르는 애완동물을 가족이라고 대답한 것은 무려 57%에 이른다.

집안의 어른이 기르는 강아지만도 못한 것인가? 할머니, 할아버지는 가족이 아니고 가까운 친족일 뿐이다. 하긴 식구가 아니고 시대가 변했고 세대의 차이라고 해도 문화가 변해도 너무 변했다.

핵가족화와 개인주의 문화 속에서 어른들은 이것을 받아들여야만 한다. 그것이 노년의 정신건강을 위해서 좋다. 가정은 안식처요 피난처요 충전소다.

지체 장애와 자폐증 환자 자녀를 두고 힘들게 살았던 노벨상 수상자인 『대지』의 작가 펄 벅은 말했다.

"가족은 나에게 자양분을 공급하고 있는 대지와 같다. 나는 그 가족으로부터 영양소를 취하고 있다."

너무도 힘들면 때로는 남몰래 슬쩍 내다 버리고 싶은 게 가족이지만, 그래도 가족이 있기에 일하는 보람이 있고 살맛이 나는 것이다. 죽이도록 밉다가도 자고 나면 좋아지는 게 가족이다.

절체절명의 위기 앞에서는 가족을 찾고 부르게 된다. 911테러 사건 때 추락 중인 비행기 속에서 죽음이 스멀스멀 다가오고 있는 그 불안하고 다급한 순간, 찾는 곳은 직장이 아니었다. 하나같이 아내를 찾았고, 남편을 찾았고, 가족을 찾았다.

가정은 피로 맺어진 혈연 공동체로 위로와 격려를 받을 수 있는 곳이고 휴식처이고 충전소이기도 하다. 세상을 살아가는 최초의 인생훈련소이고 교육장이기도 하다. 그래서 가족 간에는 소속감과 결속력이 중요한 것이다.

그런데 근래에 들어서 개인주의와 자기중심적 시대 흐름으로 인하여 가정들이 파편화되어가는 현실이 안타깝다.

바보야, 결론은 후반전이야

가정 해체로 인하여 발생하는 피해는 가히 천문학적 비용이다. 가정파괴로 인한 것이 물질적 피해만은 아니다. 정신적 충격과 후유증은 말할 것도 없고 범죄의 증가, 빈곤층 양산, 독거노인, 청소년 일탈 등은 국가적 재앙이다.

　인류 역사에 영원히 소멸된 종족이 있다. 그들이 지구상에서 사라지기 전에 먼저 그 종족의 가족관계가 해체된 것이다. 가정이 해체되고 나서 지구상에서 소멸된 것이다.

　사회에서는 가정이 그만큼 중요한 것이다. 바로 건강한 가정이 개인의 경쟁력이고 조직의 경쟁력이고 국가의 경쟁력이기도 하다.

05

멋진 놈, 질긴 놈, 미친놈

운동경기에 역전승이라는 게 있다. 짜릿한 역전승의 기쁨은 열광의 도가니다. 역전당하는 쪽은 패잔병같이 풀이 죽게 마련이다.

부부생활이나 인간관계도 마찬가지다. 반세기 전까지 이어오던 남성 중심의 가정문화가 역전되고 있다.

세상을 떠난 남편들에 관한 풍자가 있다.

부부로 살다가 돈 많이 벌어놓고 죽은 남편은 '멋진 놈', 병에 걸려 치료하기 위해 있는 돈 없는 돈 다 긁어모아 끝까지 다 쓰고 죽은 남편은 '질긴 놈'이라 한다. 그런가 하면 돈도 없고 남자구실도 제대로 못 한 남편은 '미친놈'이라고 한다. 사람 구실 못 한다는 것이다.

또 다른 시리즈도 있다. 돈 잘 벌고 힘 있는 건강한 남자를 뭐라 할까? '금상첨화'라고 한다. 돈은 잘 버는데 힘을 못 쓰는 남자는? '유명무실'이라고 한다.

돈은 못 버는데 힘만 있는 남자는? '천만다행'이라 한다. 그렇다면 돈도 못 벌고 힘도 못 쓰는 남자는 뭐라고 할까? '속수무책'이다. 폐기처분 대상으로 대책 없는 남자라는 것이다.

이러한 남성 비하 개그가 유행하는 것은 남성들의 자업자득이다.

풍자나 유머에서 약자를 조롱하는 일은 별로 없다. 대부분 강자나 상위 계급자들을 비꼬거나 물고 늘어지는 데 묘미가 있다.

반만년 동안 가부장적 문화에 찌든 골 빈 남정네들이 젊어서 큰소리치며 딴짓을 해왔으니 이런 개그가 유행하는 것이다.

　가정의 문화가 바뀌었다. 나이 들고 보니 힘의 균형이 아내 쪽으로 기울어져 있다. 그러니 여인들의 역전승 시리즈가 시중에 회자되게 마련이다.

　점심시간 식당 한쪽에 여인들의 웃음소리가 왁자지껄하다. 반전의 짜릿함을 즐기는 아낙네팀의 잔치 소리다.

　50년 전까지만 해도 한국은 남성 지배 사회였다. 그러나 반만년 동안 누려온 남존여비(男尊女卑)의 굴곡된 특권이 더이상 통하지 않는 문화가 되었다. 남존여비가 아니라 남녀 평등의 건강한 사회로 가고 있는 것이다.

　'남존여비'는 '남자의 존재가 여성에 의해 비참하게 된다'로 역설이 되고 말았다. 문화가 바뀌고 환경이 바뀌면 살아남는 놈은 변신하는 놈이다. 오래 살아남은 놈은 강한 놈이 아니다. 변화에 잘 순응할 줄 아는 부드러운 놈이 강한 놈이다.

　나도 젊을 때는 집에서 큰소리치며 제법 잘나갔다. 그런데 중년을 넘기면서 아내의 간덩이가 부어서 맞서볼 수가 없다. 역전을 당했다. 다행히 연착륙이다. 할 수 없이 오늘도 나는 집으로 들어갈 때 간 빼고 쓸개 빼고 '어떤 핍박과 환난이 와도 묵묵부답 참아야지' 단단히 각오하며 귀가를 한다.

　이제 나는 아내한테 매여 사는 맬처가요, 출입문 앞에서부터 기어야 하는 길처가요, 아내 기침 소리만 들어도 가슴 떨리고 무서워하는 공처가로 살아간다.
　철들고 나이 들어보니 그곳에 행복이 있고 평화가 있다. 우리 모두 '멋진 놈'이 되자.

06

자녀에 대한
기대 수준을 낮춰라

　품을 떠난 자녀들에 대한 지나친 기대가 노년을 슬프게
한다. 자녀는 부모가 쏜 화살이라고 한다. 시위를 떠난 화
살은 다시 잡을 수가 없다. 자식 또한 마찬가지다. 품안에
있을 때까지가 자식이다. 부모가 죽으면 자식은 부모를 산

　　　　　　　　　　　　　바보야, 결론은 후반전이야

에 묻지만 부모는 자식이 죽으면 자기 가슴에 묻는다고 한다. 자식은 부모를 잊지만 부모는 자식을 잊을 수가 없다. 부모와 자식 간의 끈끈한 정과 사랑은 삼겹줄과 같다. 그런데 이 시대는 그 끈끈한 정이 식어가는 부박한 세상으로 바뀌고 있다. 자식을 버리는 부모가 있는가 하면 부모를 버리는 자식들이 더 많은 각박한 세상이다. 그래서 사랑은 내리 사랑이라고 한다.

자식들은 부모한테 의존하지만, 부모는 자식한테 의존이 안 된다. 부모는 열 자식을 기르지만 열 자식은 한 부모를 모시기가 힘든 세상이다.

지난해 미국 방문 중 P박사를 만났다. 그는 서울에서 일류대학을 나온 후 결혼을 하자마자 미국으로 유학을 갔다. 그곳에서 석·박사 과정을 마치고 그는 현지에 정착했다. 나는 귀국 후 P박사의 부모를 만나 하나밖에 없는 아들 소식을 전했다. 아들 소식을 얼마쯤 듣던 부모가 의외의 반응을 했다. "그래요, 지금은 우리 늙은이 둘이서만 쓸쓸히 살고 있어요. 둘이 살다가 언젠가 하나가 먼저 세상을 떠나겠죠, 그러면 남은 한 사람은 또 외롭게 혼자 살다가 그

뒤를 따라가겠죠." 너무나 의외의 반응이었다.

외로움이 짙게 배어나오는 푸념이고 한탄이었다. 아들에 대한 이야기는 없다. 자신에 대한 연민만 가득하다. 자식 잘되었다고 기쁘지도 않다. 그 모습이 처량해 서글픈 생각이 들었다. 하나밖에 없는 아들이 성공해서 돌아오기를 오매불망 기다렸다. 그런데 바람과는 달리 아들은 연락도 잘 되지 않는다. 찾아오는 일도 없다. 어쩌다 전화를 거는 쪽도 부모지 아들이 아니다. 부모의 유효기간은 끝난 것인가?

어느 시골 마을에 지역개발 보상비로 거액이 나왔다.

시골집에 큰돈이 생기자 평소 잘 찾지 않던 자녀들이 주말마다 내려온다. 시골 도로가 막힐 정도로 교통 혼잡을 이루었다. 손주들을 데리고 부모에게 인사하러 오기 때문이다.

피는 물보다 진하다. 그런데 피보다 더 진한 것이 '돈 촌수'다. 점퍼 차림으로 운동화 끌고 병원에 입원해도 자녀들이 부지런히 들락거리고 찾아온다면 돈을 끝까지 쥐고 있는 사람이다. 양복을 입고 가족들을 거느리고 멋지게 입원

했어도 몇 개월 지나니 찾아오는 사람이 없다면 상속을 이미 다 마친사람이다. 부모가 상속을 끝냈느냐, 돈을 쥐고 있느냐의 차이다. 상속에도 지혜와 전략이 필요하다.

품 안의 자식이라고 한다. 그리고 자녀의 효도기간은 6세까지다. 어렸을 때가 내 자식이다. 6세까지 효도의 90%를 한다. 자식이 잘된 부모들에게 자식농사 잘 지었다고 말하면 그게 무슨 소용이 있냐고 반문한다. 부모는 진땅 걸어가도 자식은 마른 땅 걸어가기 바라는 게 부모다. 삶을 바쳐 희생하는 것이 부모다. 오직 자식 잘되기만을 바라며 삶 전체를 바쳐 뒷바라지를 한다.

자식에게 많이 투자하면 할수록 나이 들어 실망이 크고 우울해진다. 그러니 자식은 '제일 좋은 남'일 뿐이라는 생각으로 기대 수준을 낮춰야 한다. 내가 어떻게 키운 자식인데 라는 생각도 버려라. 기대지수가 높을수록 실망은 더 커진다.

과거에는 자식 잘 키우면 부모들에게 노후보장이요 노후 보험이 되었다. 그러나 이제는 그렇지 않다.

핵가족시대 파편화된 가정문화 속에서 자식은 가장 나쁜 악성보험이 될 수 있다. 오늘의 중장년은 부모를 모시는 마지막 세대이며 또한 자녀로부터 배척받는 첫 번째 세대들이다. 노년에 자식한테 손 벌리지 않는게 최고의 노후대책이다. 그것을 모르고 노년을 맞이하면 노년의 삶이 초라해진다. 그리고 거추장스러운 존재가 된다. 이 땅의 부모들이여 악성보험에 기대를 접어라. 그리고 노년을 스스로 준비해라.

07

부부싸움에도
금도가 있다

적을 공격할 때도 탈출구가 있어야 한다. 출구나 피할 곳이 없는 도둑이나 개를 쫓지 마라. 상대를 너무 궁지에 몰지 말라는 것이다. 옛말에 "궁지에 몰린 쥐는 고양이를 문다"라고 했다.

그래서 쥐를 쫓을 때도 도망갈 구멍은 남겨두고 쫓아야 한다. 부부가 싸울 때도 어리석게 상대를 끝까지 추적해

궁지로 몰고 기어코 항복을 받아야 했다. 그것은 부부가 아니라 정복자의 생각일 뿐이다. 남편이나 아내는 무찔러 야 할 적이 아니다.

"너 죽고 나 살자"거나 "너도 죽고 나도 죽자"라면 부부 싸움을 해야 할 이유가 없다. 부부싸움은 갈등의 해결을 통해 하나로 가는 과정이어야 한다. 끝장을 내고 파경으로 가자는 것이 아니다.

부부싸움에서 상대를 궁지로 모는 것은 극단적이고 단 정적인 말투다. 부부싸움에 금도가 있다. 하지 말아야 할 말들이 있다. 피붙이를 거론한다든지 상대의 약점을 말하 면 안 된다. 막말도 금물이다.

"당신은 원래 이렇고 이런 사람이야." "당신은 언제나 그래" "정말 당신은 어쩔 수가 없어."

이런 말을 들으면 상대의 입에서 문제를 해결할 건설적 인 제안이 나올 리 없다. 여기에 대고 상대가 할 말은 딱 한 가지밖에 없다.

"나도 못된 놈이지만 넌 더 못돼 먹었구나." 억하심정만 생길 뿐이다.

"그래. 난 원래 그런 사람이야. 그러니까 어쩌라고?"

바보야, 결론은 후반전이야

"왜 당신은 '항상' 양말을 뒤집어놔?"

"왜 당신은 '항상' 치약 뚜껑을 열어놔?"

"당신은 '언제나' 욕조를 쓰고 청소를 안 하더라!"

"당신 '언제' 이불 한번 개 봤어?"

"당신 '맨날' 늦게 들어왔지."

"당신 '오늘도' 술 마셨어?"

"당신 도대체 하고 싶은 말이 뭐야?"

'왜', '당신', '항상', '언제나', '도대체' 등과 같은 말들은 지적하고 비난하는 말이다. 상대에게 반발심과 좌절감만 안겨줄 뿐이다.

게다가 말하는 사람과 듣는 사람이 느끼는 심리적 현실에는 큰 차이가 있다. 한쪽은 상대가 늘 그렇다고 생각하지만 다른 한쪽은 그것이 비난의 말로 들리게 된다. '에이, 어쩌다 한두 번 그런 걸 가지고 되게 그러네. 저는 그런 적 없나?'

이렇게 되면 싸움은 "네가 그랬냐? 안 그랬냐?"를 따지는 유치하고 소모적인 싸움으로 번지게 된다. 어른 싸움이 아니고 유치원 어린이 싸움 같다. 자녀들이 보아도 유치하기 짝이 없다. 결국 아무것도 얻지 못하고 "너랑은 말이 안 통해. 우리 부부는 어쩔 수 없어"라는 절망감을 확인하는 것으로 끝난다. 부부싸움을 단순한 화풀이로 끝낼 일이 아니다. 문제해결의 방법을 구하는 것이라면 말을 잘 골라 사용하는 지혜가 필요하다.

사람에게는 청개구리 같은 심리가 있다. 청소를 하려고 빗자루를 집었다가도 "왜 그렇게 청소를 안 해? 제발 청소 좀 해라" 하는 소리를 들으면 잡았던 빗자루도 슬쩍 놓아버린다.

하물며 "넌 언제나", "넌 항상" 하면서 궁지로 몰아간다면 누가 결점을 고치려 할까? 출구 없는 지적이나 공격은 자신의 행동을 반성하고 고쳐보겠다는 의지를 초장부터 꺾어버린다. 소통언어가 잘못되니 모처럼 대화를 해보겠다고 시도할수록 싸움판이 된다.

그러므로 부부싸움을 할 때는 항상 자신에게 되물어야 한다.

지금 왜 부부싸움을 하고 있는가? 이 싸움에서 얻을 것은 무엇인가? 그것을 먼저 곱씹어야 한다. 지향점 없이 감정의 소용돌이에 휘말리는 싸움은 둘 다 지는 싸움일 뿐이다.

바보야, 결론은 후반전이야

08

칭찬 속에 담긴
플러스(+) 에너지

『너 자신을 사랑하라』 독일의 베스트셀러 제목이다. 이 책은 언론의 별다른 도움 없이 순전히 입소문만으로 순식간에 독일 전역에서 100만 부 이상이 팔렸다. 너 자신을 사랑해라, 그러면 누구와 결혼해도 상관없다는 내용이다.

중년들은 대부분 가족과 직장에 대한 배려를 우선시하

느라 자신에 대한 보살핌은 뒷전이었다. 나를 사랑할 줄 알아야 타인을 사랑할 줄 안다. 자신을 진정으로 사랑하는 법을 배울 때 타인을 사랑할 능력도 커진다.

자기만큼 자기를 사랑하는 사람은 없다. 있는 그대로의 자신의 모습을 사랑하고 내가 나를 격려해야 한다. 스스로 용기를 주고 가끔 거울을 보며 '나 칭찬하기'를 시도해 보자. "괜찮네, 이만하면 훌륭해." "넌 참 잘하고 있어."

늘 웃는 표정으로 말하고 어깨와 허리도 쭉 펴자.

나이가 들면서 자신도 모르게 입꼬리가 내려간다. 말할 때 양미간에 힘을 주어 험한 인상이 되기도 한다. 고개가 숙여지고 허리가 움츠러든다. 이럴 때는 의도적으로 어깨를 펴야 한다.

수시로 입꼬리도 올려보고 웃는 모습을 하며 즐거운 일을 회상해 보자. 나이 들었다고 위축될 필요 없다. 자! 어깨를 쭉 펴고 당당해지자.

그리고 주변 사람들에게 격려의 말을 자주 하자. 언어엔 힘 빼는 언어 즉 '마이너스 언어'가 있다. 우린 '플러스 언어'를 사용해야 한다. 남한테 힘 빼는 언어를 사용했으면 최소한 4~5배의 플러스 언어를 구사해야만 회복이 된다.

나는 초등학교 시절, 성적이 꼴찌에서부터 5등을 벗어난 일이 없다. 항상 꼴찌 전속이었다. 생활기록부인 성적표를 보면 종합평가에 '불량'이라고까지 기록돼 있다. 얼마나 문제투성이였으면 불량이라고까지 썼을까? 그런데 중학교 시험에는 합격했다. 채점을 잘못했는지도 모르겠다.

중학교 영어 첫 시간이었다. 선생님이 칠판에 알파벳을 써보라고 했다. 다행히 형한테 알파벳을 미리 배워서 쓸 수 있었다. 선생님이 다가와 머리를 쓰다듬으며 "참 잘 썼다"라고 칭찬했다. 그 말을 들었을 때 나는 온몸에 전율을 느꼈다. 태어나서 처음으로 선생님에게 들어본 칭찬이다. 이 격려 한마디에 신바람이 나서 열심히 공부했다.

중학교 1학년 1학기 때 23등, 2학기 때 3등을 했다. 2학년부터는 1등을 하고 고등학교 졸업할 때까지 1등 하며 특대생으로 학비를 면제받았고 대학에 갈 수 있었다.

내가 다녔던 고등학교는 지금 없어졌다. 이 시골 오지의 고등학교에서 요새 말하는 SKY 대학에 간 것은 기적이었다. 나는 고려대학교 경제과를 나오고 이론경제학 석사까지 받았다. 그리고 이순에는 인문학 명예박사까지 받았다.

초등학교 성적이 전부라면 나는 인생의 낙오자가 되었을지도 모른다. 어린 시절 선생님의 칭찬 한마디가 내 인생을 바꾸어 놓은 것이다.

그리스 신화에 피그말리온이라는 조각가 이야기가 나온다. 피그말리온은 옛날 그리스 세계를 깜짝 놀라게 할 만큼 뛰어난 조각가였다.

어느 날 그는 멋진 상아를 구해 아름다운 여인상을 조각했다. 얼마나 아름다웠는지 자신이 조각한 여인상과 사랑에 빠지고 말았다. 그는 마치 살아있는 여인을 대하듯 조각상에게 이름을 붙여주었다. 아름다운 옷도 입혀주었다. 온갖 장식품으로 아름답게 꾸며주었다. 밥을 먹을 때는 마주 세워 두고, 잠을 잘 때는 옆에 누인 채 날마다 자신의 이야기를 들려주었다. 그러는 동안 사랑은 더욱 깊어졌다.

피그말리온은 사랑의 여신 아프로디테를 찾아가 매우 간절히 기도했다.

"아, 이 조각상이 생명이 있는 여인이라면 얼마나 좋을까요?"

마침내 아프로디테가 그의 사랑에 감동하여 조각상에 생명을 불어넣어 주었다. 피그말리온은 많은 사람의 축복을 받으며 자신이 창조한 여인과 결혼해서 행복하게 살았다.

심리학에서 말하는 '피그말리온 효과'는 이 이야기를 바탕으로 생겨났다. 간절히 소망하고 믿으면 그대로 이루어지는 '자기실현 효과'를 가리키는 말이다. 이것은 칭찬의 효과와도 통한다. 사람은 누군가 믿어주고 기대해주고 칭찬해 주는 대로 변한다.

마크 트웨인은 "멋진 칭찬을 들으면 그것만 먹어도 두 달은 살 수 있다"라고 했다.

미국 GE의 사장 잭 웰치 또한 칭찬 속에 숨겨진 플러스(+) 에너지로 성공한 사람이다. 그는 어렸을 때 심한 말더듬이였다. 늘 열등의식에 젖어 사람 만나기를 꺼리던 그에게 어머니가 이런 말을 해주었다.

"너는 머리가 무척 좋은 아이야. 두뇌 회전이 너무 빨라서 말이 미처 생각을 따라가지 못할 뿐이란다. 넌 커서 반드시 훌륭한 사람이 될 거야."

잭 웰치는 어머니의 칭찬과 격려에 용기를 얻어 그때부터 열심히 공부에 전념했다. 더 이상 말더듬이라는 약점을 두려워하지 않게 되었다. 친구도 적극적으로 사귀었다. 결국 그는 세계적인 기업의 CEO가 될 수 있었다.

'세 치 혀'라고 한다. 그러나 이 조그만 혀에서 솟구쳐 나오는 언어에는 생명력이 있다. 희망의 언어는 죽어가는 사람을 절망의 구렁텅이에서 끌어내는 긍정의 힘을 가지고 있다.

그런가 하면 멀쩡한 사람을 파멸로 이끄는 독약 같은 언어도 있다. 익명의 악성 댓글 때문에 자살을 기도한 연예인들이 방증이 된다.

경찰서를 드나드는 범죄자들은 대부분 성장하는 동안 주위로부터 칭찬이나 격려의 말을 들어본 적이 없는 사람들이다. 그들의 청소년 시절은 대개 꾸중과 비난, 독설과 저주의 말로 점철되어 있다.

찢어진 옷은 수리할 수 있으나 말로 받은 상처, 찢어진 마음을 다시 이어 붙이기는 어렵다. 말에는 생명력이 있다. 사람을 살리기도 하고 죽이기도 한다.

자녀를 칭찬할 때도 그렇다. 오늘의 자녀 모습이 아니라 20년 아니 30년 후 훌륭하게 될 모습을 그리며 칭찬하고 세워주자. 말이 씨가 된다. 칭찬하는 그대로 된다. 부모의 입술이 자녀를 축복하는 샘물이 된다.

부부는 서로에게 플러스(+) 에너지를 가진 칭찬과 격려의 말을 얼마나 하고 있을까?

바보야, 결론은 후반전이야

"당신 멋있어요." "당신 훌륭해요." "당신이 우리 집 기둥이에요." "우리가 이만큼 사는 건 당신 덕분이에요."

듣는 것만으로도 자부심이 생기고 어깨가 으쓱해지는 말이다. 사랑과 위로가 가득한 말이다. 사랑과 희망이 샘솟는 말이다.

이런 말만으로도 당신의 세 치 혀는 참으로 위대한 기적을 이룰 수 있다. 바로 오늘 사랑하는 배우자에게 칭찬 멘트를 날려보자.

여보 사랑해! 당신 정말 예뻐! 당신밖에 없어!

09

중년부터는
다운시프트(downshift) 하라

중년기는 사람마다 다르지만 일반적으로 40~60세로 본다. 장수시대에는 중년을 60~79세까지로도 발표했다 (UN).

이 시기는 '지금까지의 생활이 과연 내가 원하던 삶이었나?' '앞으로도 이와 같은 삶을 계속 살 것인가?'란 질문을 던져보는 시기다. 인생의 2번째 빨간 등이 켜지는 이 시기는 자기 정체성을 고민하는 시기이기도 하다.

젊은 시절 추구해 오던 물질로는 채워지지 않는 빈 공간이 있다. 삶의 방식을 '성취 지향적'에서 '관계 지향적'으로 바꾸지 않는다면 빈 공간은 더 커질 수밖에 없다. 상실감이나 공허감도 커질 것이다.

경제적 수입을 늘리기보다 삶의 질을 생각해야 한다. 떠밀려 살지 않고 진짜 하고 싶은 일을 찾아야 하는 시기이기도 하다. 거창한 것을 시도하라는 것이 아니다. 일상 속에서 소소한 기쁨을 찾으라는 것이다.

밖으로 쏟던 에너지를 내부 세계로 쏟아야 한다. 궁극적 인생의 의미를 찾아야 한다.

먼저 절대자와 깊은 만남이 이루어졌을 때 얻어지는 기쁨으로 삶의 의미를 되찾을 수도 있다. 또 사람과 사람의 만남을 통해 사랑의 의미를 느낄 수도 있다. 느낌을 나눌 수 있는 모임에 참여하는 것도 좋다. 소그룹모임과 아름다운 찬양이나 가곡 등을 부르는 중년합창단을 조직하는 것도 좋다.

이 시기엔 가족관계에서 깊은 만남을 통해 가정 안에서 친밀감이나 소속감을 확인할 수 있어야 한다. 자녀 중심의 삶에서 부부 중심의 삶으로 전환도 해야 한다. 보람을 찾을 수 있는 봉사도 좋다. 즐길 수 있는 취미 생활도 좋다.

자동차 운전 시 저단 기어로 변속해 속도를 줄이는 것을 '다운시프트'라고 한다. 중년 이후엔 우리의 삶도 '다운시프트'해야 한다.

보다 여유롭고 편안한 삶을 즐기기 위해 현재의 바쁜 삶의 속도를 줄이고 미처 돌보지 못했던 것을 돌아보자.

하루의 대부분을 생계를 위한 일에 바치고 있는 것이 현대인의 모습이다. 풍요로운 신경제 시대에 살고 있으나 우리 대부분은 PC, 인터넷 등이 존재하지 않던 몇십 년 전보다 오히려 더 많은 시간을 일에 매달리고 있다. 일이 아닌 삶을 위해 쓰이는 시간과 에너지는 점점 더 줄어들고 있다.

1970년대 이후에 태어난 유럽의 젊은이들은 금전적 수입, 사회적 지위나 명예보다는 자기의 시간을 더 중요시한다. 직장은 단지 돈을 벌기 위한 공간이 아니다. 개인생활과 사회생활이 조화를 이루는 삶의 공간이다. 삶의 여유와 만족 등 개인생활까지 충족시켜주는 곳이기를 원한다. 이들을 '다운시프트족'이라고 부른다.

이제 평균 수명이 늘어나 퇴직 후에도 평균 30~40년을 더 살아야 한다. 가족관계가 건강하지 않으면 은퇴 이후의 삶이 불행해진다.

남자가 퇴직 후 가정으로 돌아가면 이미 아내와 자녀들은 가장이 없는 삶에 익숙해져 있다. 그때 가서 후회하지 말고 미리 준비해야 한다.

시작은 빠를수록 좋다. 후회는 선제적 대응을 못 한 자들에게 찾아오는 죄책감이다.

지금하고 있는 일이 지선(之善)이 아닐수 있다. 고급 차량이 초고속으로 달릴 수 있는 것은 무엇일까? 엔진이 좋아서 아니면 차체나 바퀴가 좋아서?

아니다. 브레이크가 좋아야 한다.

시간에 쫓기며 바쁘게 살아온 내 인생! 이제 주위를 살펴보자. 그리고 한번쯤 브레이크를 밟고 downshift 하자.

10

노후 재앙을
면하려거든

바보야, 결론은 후반전이야

이혼하는 사람들의 3분의 1이 황혼 부부다. 정년퇴직과 더불어 아내로부터 이혼을 당하는 남성들이 늘고 있다. 하루아침에 일터를 잃고 가정에서도 내몰려, 졸지에 오갈 데 없는 신세가 되고 만 것이다. 돈을 벌 때와 은퇴 후에는 처지가 전연 달라진다.

옛날에는 한 번 결합은 영원한 결합이었다. 여자는 결혼하면 죽어서도 그 집 귀신이 되어야 한다고 믿었다. 그러나 지금은 아무도 그렇게 생각하지 않는다.

지금은 가정문화가 광속으로 바뀌었다. 가부장적 사고방식은 설 자리가 없다. 그런데 이를 따라가지 못해 어려움을 겪는다.

20여 년 전까지만 해도 남자 쪽에서 이혼을 제기하는 일이 훨씬 많았다. 그러나 지금은 상황이 역전되었다. 여자 쪽에서 더 많이 이혼을 요구하는 세상이 되었다. 희생과 헌신으로 인내해 온 아내들이 뒤늦게나마 잃어버린 권리를 회복하겠다고 당당히 선언하고 나선 것이다. 자녀들도 다 떠났으니 이제라도 인간답게 살아보겠다는 것이다.

필자가 잘 아는 중소기업 사장이 있다. 그런데 그가 황혼이혼을 당했다. 회사는 그런대로 탄탄하게 경영해왔으나 가정 경영을 소홀히 하고 못 했던 것이다.

어느 때부터인가 가정 문제로 고민하더니 결국 회사도 파산하고 말았다. 가정을 버려두고 일에만 몰두하는 사이 아내와의 갈등도 깊어졌다. 그의 아내는 결별을 택해 모든 수속을 마치고 자녀들과 함께 외국으로 떠나 버렸다.

연말 송년회에서 알코올에 젖어 유행가를 흐느끼며 절규하던 그의 모습이 애처롭기 그지없었다.

"그토록 사랑했던 그 사람 잃어버리고 타오르는 내 마음만 흐느껴 우네. 그토록 믿어 왔던 그 사람 돌아설 줄이야. 예전에는 몰랐었네. 진정 난 몰랐네…."

갑작스럽게 당하는 이혼은 정신적 공황이 올 만큼 커다란 충격이고 스트레스다. 그러나 이렇게 비극적인 이혼의 사유도 알고 보면 지극히 사소한 일에서 비롯된다. 불쑥 내던진 말 한마디, 퉁명스러운 표정, 평소의 무관심이 쌓이고 쌓여 갈등이 증폭되고 부부 사이가 냉랭해진다. 사랑의 비극은 무시나 무관심으로부터 시작된다.

이혼은 어느 날 갑자기 찾아오는 것이 아니다. 반복되는 일상 속에서 노후의 함정이 커진다. 보통 은행 통장이나 토지 문서는 잘 챙기고 잘 안다. 그런데 건강이나 가정 문제에 대해선 잘 모르고 무관심하게 사는 게 우리들의 일상이다.

기업 경영이 평소 리스크관리를 잘해야 하는 것처럼, 가정 경영에도 리스크관리가 필요하다. 사업을 위해서는 위협 요인을 분석하고 관리하면서 왜 가정을 위해서는 그렇게 하지 않을까? 밤새워 일에만 묻혀 살면 성공이 보장될까? 성공의 열매가 곧 승리의 면류관일까?

아니다. 가정 방치의 결과로 돌아오는 것은 가정 해체라는 냉혹한 현실을 맞이할 뿐이다. 외롭고 초라한 노후를 보낼 수 있다. 세상이 바뀌었다. 주제를 파악하자.

나이 들어갈수록 선 기능으로 아내를 잘 섬기고 받들어라. 그렇지 않으면 노후 재앙을 면할 수 없다. 은퇴한 이후에도 남편의 역기능인 꼰대질을 받아 줄 현모양처는 이 시대에 없다.

11

기업이 경영이라면
가정도 경영이다

　가정은 일차 사역지이다. 기업이 경영이라면 가정도 경영이다. 가정의 행복이 일터의 신바람을 결정한다. 행복한 가정이 개인의 경쟁력이고 회사의 경쟁력이다. 직원들이 행복해야 창의력이 나오고 아이디어가 생긴다. 생산성이 높아지고 능률도 오른다. CEO가 행복해야 직원들이 행복하고 회사의 경쟁력도 높아진다.

CEO의 부부관계는 곧 직원의 행복과도 직결되는 것이다. 직원들이 즐겁게 일하는 일터가 부흥한다. 그런 회사는 성장할 수밖에 없다. CEO들이 직원들의 가정을 챙겨주는 이유가 여기에 있다. Work/Family Balance가 이루어져야 한다. 가정이 해체되면 그 역작용이 회사에 미치기 때문이다. 사회를 구성하는 최소 기본 단위는 '가정'이다. 사회에서 성공의 시발점은 가정이다. 가정은 삶의 휴식처일 뿐 아니라 힘의 충전소이다.

일본에 '7전8기회'라는 모임이 있다. 사업을 하다가 부도가 나 어려움을 겪는 사람들이다. 재기를 꿈꾸며 모여 지혜를 나누는 모임이다. 이들이 모임을 계속하다가 어느 날 중요한 사실을 알게 됐다. 이 사람들에게 하나같은 공통점이 있었다. 이들의 대부분 80~90%가 부도가 나기 전에 먼저 가정에 문제가 있었다는 것이다.

가정생활이 불행했거나 부부가 심한 갈등을 겪고 있었다. 심한 경우는 별거 중인 사람들도 있었다. 또 맺고 끊는 것이 불분명하고 아내 말을 안 듣고 남의 부탁이라면 거절 못 하는 우유부단형이다. 필요할 때 'NO' 할 줄도 모르고 질질 끌려다닌다.

밖에서 남에게 사람 좋다는 평을 듣지만 아내에게는 최악의 남편이다.

혹자는 외도 문제로 갈등하고 번민하면서도 7부 능선을 넘어 질질 끌려가다가 사업이 망가지는 경우다. 그들은 공통적으로 부도나기 전 가정적으로 어려운 문제가 있었다는 것을 알게 된 것이다. 그래 그들이 재기를 노리며 가정회복운동을 펴고 있다.

주위에 벤처로 성공하여 잘나가던 후배가 있었다. 어느 날 회사가 갑자기 잘못되었다는 소식을 들었다. 밤을 새우며 회사를 일구었다. 직장에서 밤을 계속 지새우는 동안 가정은 병들어 갔다. 직장 경영에는 열을 올렸지만 가정 경영을 못 한 것이다. 일에만 몰두하는 동안 가정은 깨어져 갔고 그에 따른 가정의 불협화음이 직장 일에까지 부정적 영향을 미친 것이다.

직장의 성공이 꼭 가정의 행복으로 이어지는 것은 아니다. 행복을 느끼고 행복을 나누는 제일의 장소는 가정이다. 가정이 건강할 때 개인도 기업도 경쟁력이 있다.

바보야, 결론은 후반전이야

　지금은 상상력과 창의력이 중요한 시대이다. 전통적 산업자본주의 시대 생산의 3대 요소는 토지, 노동, 자본이었다. 그러나 오늘날에는 이런 것이 없어도 된다. 자본이나 공장이 없어도 협업이나 데이터와 정보 그리고 아이디어나 창의력을 가진 자가 경제를 지배하는 시대다.

　새로운 창의력이나 발상은 그날의 기분에 따라 달라지고 그 기상도는 아침에 결정된다. 출근길이 즐거울 때 경쟁력이 있다. 아침 기분을 결정하는 곳이 어디인가? 바로 가정이고 부부관계다.

　아내의 축복과 배웅을 받고 출근하면 즐거울 수밖에 없다.

그래서 부부는 서로 세워주는 것만큼 선다고까지 한다. 가정이 평안하고 행복한 것이 개인의 경쟁력이다. 개인의 경쟁력은 곧 기업의 경쟁력이고 국가 경쟁력이기도 하다.

가정이 파탄될 때 개인의 경쟁력은 저하된다. 가정 파탄의 역작용이 기업에까지 미치는 것이다. 그래서 필자가 기업체에서 강의하는 제목이 "행복한 가정이 나의 경쟁력"이다. 남편들이여, 나는 일 중심이지만 아내는 관계 중심(반대의 경우도 있음)이라는 사실을 유념해야 한다.

바보야, 결론은 후반전이야

행복한 가정을 만드는
기적의 말 11가지

1. 여보, 힘들지? 수고했어. [배려]

2. 난 자기밖에 없어. [의지]

3. 난 자길 믿어. 힘내. [존경]

4. 당신이 자랑스러워. [격려]

5. 당신 뜻대로 해봐요. [신뢰]

6. 괜찮아, 그럴 수도 있지. [용납]

7. 온종일 애들하고 힘들었지. [이해]

8. 당신 음식 솜씨는 장모님 닮아서 최고야. [칭찬]

9. 사랑해. 당신과 함께해서 행복해. [사랑]

10. 내 잘못이야. 미안해, 용서해줘. [용서]

11. 당신 예뻐. 사랑해. 멋있어요. [표현]

바보야,
결론은 후반전이야

01
당신은 인생의
황금기 출발선에 서 있다

독일말에 "Wer zuletzt lacht, lacht am besten"이라는
말이 있다. 마지막에 웃는 자가 가장 잘 웃는 자란 뜻으로
우리 삶에서도 여전히 들어맞는 말이다.

2002년 월드컵을 기억한다. 한국은 하나같이 경기 전반
전에서 밀리거나 지고 있었다. 그러나 후반전에 역전했거
나 동점 골을 넣어 온 나라가 붉은 물결로 열광했다.

바보야, 결론은 후반전이야

이처럼 인생의 후반전에 얼마든지 역전의 기회가 있다. 꿈을 가져라. 후반전이 끝이 아니다. 100세까지 연장전도 있고 100세 넘어서 승부차기도 있다. 100세 시대를 살면서 얼마든지 바꿀 수 있는 역전의 기회가 있다. 인생 전반전엔 돈 벌고 승진하고 아파트 평수를 넓히는 데 전력했다면 후반전은 달라야 한다. 삶의 질, 가치, 보람, 행복을 추구해야 한다. 내 인생의 정점은 후반기에 있다고 생각하자. 60세까지 전반전이다. 인생의 정점은 후반전에 있다.

세계 역사상 최대 업적의 35%는 60~70세의 젊은 노년들에 의해 성취되었다고 한다. 그리고 23%는 70~80세 중노년들에 의해, 그리고 6%는 80세 이상의 시니어들에 의해 성취되었다고 한다. 결국 역사적 업적의 64%가 60세 이상의 젊게 사는 노인들에 의해 성취되었다는 것은 놀라운 일이다.

나이가 들수록 더 창조적인 생활과 빛나는 업적을 남길 수 있다.

요한 세바스찬 바흐는 75세까지 작곡을 하며 명곡을 남겼다. 톨스토이는 82세까지 저술 활동을 했고 70세가 넘어서 『부활』을 탈고했다. 미켈란젤로 역시 '로마 성 베드로 대성전의 돔'을 70세에 완성했다. 하이든, 헨델 등도 70세 넘어 불후의 명곡을 작곡했고, 베르디는 80세에 오페라 〈오델로〉를 작곡했다. 80세 베르디의 열정에 감동받은 경영학자 피터 드러커는 65세에 책을 쓰기 시작해 96세까지 무려 30여 권의 책을 썼다. 76세의 고령으로 『파우스트』를 쓰기 시작해 80세가 넘어서 완성한 괴테 등을 보면 노년기는 인생의 하향기가 아니다. 인격의 통합을 이루는 절정기임을 알 수 있다.

누구나 그렇게 할 수 있다. 이제 60세는 청춘이다. 제2의 인생을 시작해야 하는 나이다. 그러므로 고령화 사회를 두려워할 필요 없다.

어느 날 나의 아내가 자신의 꿈은 가르치는 사람이었다고 말했다. 가지고 있는 약사 자격증과는 관계도 없다. 세 아이를 키우고 사업하는 남편 내조하느라 자신의 꿈이 무엇인지조차 잊고 살다 문득 생각났노라고 말했다. 그때 아내는 42세였다.

신학도 공부했고 이어 대학원에 진학해 상담 공부를 시작했다. 55세에 박사과정에 도전했다.

논문을 쓰면서 힘겨워하던 아내는 "이 공부를 과연 제가 얼마나 활용할 수 있을까요?"라며 한숨도 쉬곤 했다. 왜 그리 힘든 일을 하느냐 하면 "남 주려고 공부한다"라고 했다.

힘들어할 때마다 나는 아내를 격려했다. 가문의 영광이라고. 그렇게 해서 환갑이 지난 61세에 박사학위를 받고 지금 10년이 넘게 그 학위의 도움을 받아 열심히 남을 돕는 일을 하고 있다.

우리의 재능이 어떻게 사용될지 모른다. 우리 인생에 가장 좋은 것은 아직 오지 않았다. 지금 살고 있는 이 순간이 내 인생의 최고 황금기이다. 10년 후에 후회할 것이 아니라 지금 시작해라. 늦었다고 생각할 때 인생은 끝이다.

'늙음'이란 '젊음'이 끝난 후 별개의 시점에서 시작되는 것이 아니다. '노전(老前) 생활'이란 말은 없다. 마찬가지로 '노후(老後) 생활'이란 말도 틀린 말이다.

우린 그저 계속 늙어가고 있을 뿐이며 산다는 것은 노숙, 노련으로 농익어간다는 것이다.

젊은이들은 내일을 바라보지만 노인은 어제를 바라본다. 노년은 청년으로 회귀할 수는 없지만 청년답게 살 수는 있다. 나이테를 지우고 영원한 청년의 기상으로 사는 것이다. 100세 어르신들의 공통점은 할 일들이 있었다. 꾸준히 활동을 했다. 도전하고 탐구하고 역할을 했다. 긍정적이고 적극적이었다.

안일함이 만성화되면 쇠락하는 것이다. 야생마 같은 충동이나 도전정신이 사라진다. 한 번밖에 없는 인생 타성에 젖어 현재에 안주(安住)할 것인가? 아니면 전력투구 완주(完走)하는 인생을 살 것인가?

시니어들이여, 육체적 주름을 세지 말고 도전의 나이테를 세어 보자. 연륜 있는 나무가 수십 겹의 나이테를 소유하듯 우리 삶의 나이테가 알차게 한 겹 한 겹 늘어갈 것이다.

02
장수시대,
어떻게 살아야 하나

제주도에 가면 서복공원이라는 문화적 볼거리가 있다. 불로초를 구하러 중국에서 온 서복이라는 사람을 기리는 공원이다. 동남동녀 3,000명을 거느리고 제주도에 왔다가 영주산(한라산)에서 불로초(영지버섯, 시로미, 금광초, 옥지지 등)를 구한 후 돌아가면서 정방폭포 벽면에 '서불과지(徐市過之, 서복이 이곳을 지나갔다)'라 써놓고 갔다고 한다.

장수는 5복 중에 으뜸가는 복이다. 장수는 모든 사람이 바라는 바요, 부러워하는 것이다. 그래서 궁중복식에도 '수복(壽福)'이라는 문양을 자수하거나 도자기나 식기류에 문양으로 넣기도 했다. 오래 살기를 염원하며 불로초를 구하기 위해 백방으로 노력했던 진시황도 50세가 못 되어 죽고 말았다.

이 세상에는 불로불사의 약이나 처방은 없다. 로마시대 평균 수명은 25세에 불과했다. 1930년대 우리나라 평균 수명도 34세에 불과했다. 1940년대가 되어서야 겨우 40세가 되었다.

50~60년 전까지만 해도 50세 나이는 깡늙은이에 속했다. 60세까지 살면 장수의 복을 누린 것이다. 그래서 환갑날에는 북 치고 장구 치며 동네잔치를 거털 나게 치렀다.

요새는 환갑잔치를 할 정도로 세련되지 못한 사람은 없다. 아니 70세, 80세까지도 잔치를 하지 않는다. 누구나 70~80세를 살기 때문이다.

100년 전에는 70세 어른은 희귀한 존재였다. 그래서 70세를 고희(古稀)라고 했고, 두보는 〈곡강이수〉에서 "인생칠십고래희(人生七十古來稀)" 즉 인생 칠십이 자고로 드문 일이라고 했다. 77세까지 살게 되면 즐겁고 기쁜 경사라고 해

바보야, 결론은 후반전이야

서 희수(喜壽)라고 했다.

성경에 기록된 사람들을 제외하고 지구상 공식적인 최
장수인은 122세까지 살았던 프랑스 할머니 잔 칼망이다.
비공식 기록에는 중국의 약초연구가이자 한의사인 이청운
(1677~1933)이라는 최고 장수인이 있기도 하다. 그는 24명
의 부인과 사별하면서 200여 명의 자녀를 두고 256세까지
살았다.

2020년 기준 한국인 수명은 83.5세로 평균 80세를 넘
어 장수시대에 들어섰다. 교통사고 안 나고 성인병만 예방
한다면 누구나 90세, 100세까지 살게 되어 있다. 1930년
같으면 산에 3번이나 갔다 왔어야 할 나이들이다. 앞으로
10년 후 80세 사망은 조기사망이 될 것이다.

옛날에는 은퇴하자마자 죽게 되니 은퇴는 곧 죽음이었다.
일 놓자 죽는 것이었다. 그래서 은퇴라는 단어 자체가 무
의미했다. 따로 은퇴 준비를 할 필요도 없었다. 재산도 돈
도 자식을 위해서라면 몰라도, 자신의 노후 준비를 위해
쌓아둘 필요가 없었다.

부부 사이가 좋지 않아도 크게 문제 될 것이 없었다. 가

부장적 문화에서 여인들은 사람대접 못 받고 살아도 문제 될 것이 없었다. 남성 중심의 사회는 남자들에게만 신바람 나는 사회였다.

그러나 지금의 가정문화는 달라졌다. 급격하게 달라진 변화에 적응하는 일이 쉬운 것은 아니다. 그 변화의 파열음이 이 나라 가정들을 멍들게 하고 있다.

평균 수명이 40~50세인 시기에는 인생의 후반전이 없다. 그러니 부부 사이가 좋지 않아도 돈이 없어도 문제 될 것이 없었다. 그러나 지금은 55세에 은퇴를 해도 40~50년을 더 살아야 한다.

일반적으로 30세 전에 취직을 하게 된다. 55세에 은퇴하면 직장에서 일한 기간은 고작 25~30년이다. 30년 동안 일하고 이제는 그보다 더 긴 30~40년 이상을 일 없이 살아야 한다. 이 기간을 어떻게 살아야 할까?

이 긴긴 기간을 은퇴했다고 무위도식하며 살아갈 것인가, 아니면 청계산이나 올라가고 북한산이나 올라가면서 30년 동안 산만 오르다가 죽을 것인가. 그래 청계산 학파, 북한산 학파로 살며 죽을 날을 기다려야 한다. 취미나 여가생활은 여분의 시간 틈날 때 하는 것이다. 할 일이 있어야 한다.

장수시대가 되면서 빈곤 노인 문제가 심각한 사회문제
가 되고 있다.

빈곤 노인들의 초라한 모습이 노후 붕괴, 노년 빈곤, 노
후 파산, 노후 난민, 독거노인, 고독사 등으로 나타나고 있
다. 다양한 하류 노인들을 묘사하는 용어들이다. 10년 후
면 한국이 일본을 앞지르고 세계 최장수국가가 된다.

장수가 준비된 사람에게는 분명 축복이다. 그러나 준비
없이 맞이한 장수는 축복이 아니라 재앙이다. 장수시대에
는 '얼마나 오래 사느냐'가 중요한 것이 아니라 '얼마나 행
복하게 사느냐'가 중요하다.

건강수명도 중요하다. 병골로 사는 자연수명이 아니라
건강수명, 행복수명, 역할수명으로 살아야 한다.

노년은 성숙과 완숙 그리고 결실의 시기다.

영적으로나 정서적 그리고 육체적으로 건강할 뿐만 아
니라 재정적 대비가 있어야 한다. 물질적 궁핍은 없어야
한다. 후손들에게 부담이 되거나 짐이 되면 천덕꾸러기가
된다. 부담이 아니라 오히려 도움이 되고 기여하는 마지막

장이 되어야 대접받는다.

　하류 노인이 안 되려거든 노후 준비를 빨리 시작할수록 좋다. 인생 끝날이 좋아야 한다. 준비된 노년만이 아름다운 인생 마지막 장이 되는 것이다.

　　　　　바보야, 결론은 후반전이야

03

영 올드(Young Old) :
YO 세대

장수시대다. 어떻게 하면 장수할 수 있는가. 죽지 않고 살면 장수하는 것이다. 한국인들의 생애 지도가 바뀌고 있다. 한국인의 평균 수명은 1960년대 52세였으나 지금은 80세가 넘었다. 바로 100세 시대가 다가오고 있다.

은퇴 후 또 한 번의 인생 계획을 세워야 할 정도로 길어진 것이다. 인생 2모작 아니 3모작, 4모작으로 살아가야만 한다.

미국 시카고 대학의 번스 뉴가튼 심리학과 교수는 55세 정년 기준으로 은퇴 이후의 시기를 3단계로 구분했다.

55~75세를 '영 올드(Young Old : YO)', 76~85세를 '올드 올드(Old Old)', 그 이후는 '올디스트(Oldest)'로 나눴다.

특히 영 올드, YO 세대는 이전 세대와 달리 고학력, 풍부한 경험과 노하우 그리고 재산과 분별력을 지닌 새로운 노년층으로 사회의 주역이 되고 있다.

그러나 현재 한국 사회에서 YO 세대는 갑과 을의 전쟁에서 을이다. 정년이 연장된다고 했으나 혜택을 받지 못한다. 평생 열정을 쏟았던 직장에서 물러나야만 한다. 그렇다고 해야 할 일이 끝난 것도 아니다. 무거운 짐을 등에 메고 가파른 산길을 올라가는 히말라야의 노새처럼 가족도 부양해야 한다.

은퇴했다고 일에서 완전히 떠나거나 잉여인간이 되는 것은 아니다. 다음 세대에게 바통을 넘겨주고 또 다른 새로운 삶 목적지를 향해 가는 것이다.

바보야, 결론은 후반전이야

은퇴했다고 낙심할 필요가 없다. 0.7 인생이 있다. 현대인들은 과거의 같은 세대에 비해 사회·생물학적으로 훨씬 젊게 산다. 최장수국 일본에서 '0.7 곱하기 인생 나이'란 계산법이 회자되고 있다. 이 계산법은 장수시대의 실상을 반영한 것으로, 현재 나이에 0.7을 곱하면 현재의 인생 나이가 나온다. 예를 들면 실제 나이가 70세인 사람은 인생 나이 49세를 살고 있다는 이야기다.

미국과 일본에서 75세 중 허약체질이나 노인병으로 일상생활을 할 수 없는 사람은 5% 미만이라고 한다. 우리나라도 크게 다르지 않다. 나이가 든다는 것은 단순히 늙어간다는 의미만이 아니다. 인생의 경륜과 경험이 쌓여 있어서 사회에 기여할 수 있는 분야와 일들이 많다.

0.7 인생으로 사는 YO 세대는 무엇이든 다시 시작할 수 있다. 직장에서 은퇴했다고 끝이 아니다. 오히려 직장에서 벗어났을 때 진정한 자신을 찾을 수 있다. 나만의 가치를 발견할 수도 있다. 어쩌면 진짜 인생은 회사라는 조직을 떠나 은퇴 이후에 시작되는 것이다.

호서대학교 총장을 역임한 고 강석규 박사는 65세 은퇴 이후, 95세가 되던 해까지 "남은 인생은 덤"이라며 허송했던 30년에 대해 후회했다. 그는 『어느 95세 어른의 수기』란 글을 통해 "내 65년의 생애는 자랑스럽고 떳떳했지만 이후 30년의 삶은 부끄럽고 후회되고 비통한 삶이었습니다. 나는 퇴직 후 '이제 다 살았다. 남은 인생은 그냥 덤이다'라는 생각으로 그저 고통 없이 죽기만을 기다렸습니다. 덧없고 희망이 없는 삶 그런 삶을 무려 30년이나 살았습니다. 30년의 시간은 지금 내 나이 95세로 보면 3분의 1에 해당하는 기나긴 시간입니다. 만일 내가 퇴직할 때 앞으로 30년을 더 살 수 있다고 생각했다면 난 정말 그렇게 살지는 않았을 것입니다. 그때 나 스스로가 늙었다고 뭔가를 시작하기엔 늦었다고 생각했던 것이 큰 잘못이었습니다"라며 아쉬워했다.

영 올드 시기에는 삶의 속도를 좀 늦추고 미처 돌보지 못했던 것을 돌아봐야 한다. 자신이 정말로 하고 싶었지만 못 했던 일, 미뤄왔던 일들을 생각해 보자.

당장 떠오르지 않는다면 하루에 30분씩이라도 조용한 곳을 찾아 혼자 걷거나 책을 읽으며 생각에 잠겨보자. 지금 내가 과연 무엇을 하고 싶은지, 나는 그동안 무얼 하고 싶었는지를 말이다.

바보야, 결론은 후반전이야

하고 싶었던 일을 찾아 지금부터 그 일에 매진해 보라. 10년 후엔 그 분야의 전문가가 될 수 있을 것이다. 이를 통해 경제활동도 가능하다. 관심 분야의 책 30권만 읽어도 다른 사람보다 더 앞서 나가는 사람이 될 수 있다.

책 읽고 글 쓰는 것이 좋은 사람은 오늘 마음에 드는 시집 한 권을 사서 노트에 옮겨보자. 99세에 시집『약해지지마』를 낸 일본의 시바타 도요 할머니처럼 누구나 자신의 인생을 즐길 권리와 기회가 있다.

자신도 즐겁고 남에게도 유익을 줄 수 있는 자원봉사나 캠페인 참여로 기쁨과 자존감을 키울 수도 있다. 노숙자나 독거노인을 위한 무료 급식 봉사, 일일 캠페인의 자원봉사 같은 수많은 기회가 있다. 타인에게 너그러워지고 베푸는 삶을 살면, 자기 자신을 소중히 여기는 사람이 될 수 있다.

매일 아침 거울을 보고 "그만하면 멋있어", "괜찮아"라고 스스로 격려한다면 자신에 대한 믿음과 사랑도 키워갈 수 있다.

나이 든 것을 탓하지 말고 오늘 내가 할 수 있는 일을 만들어 보자. 오늘은 남은 삶 중에 가장 젊은 날이니까.

04

헤일 메리 터치다운
(Hail Mary Touchdown)

가장 멋지고 통쾌한 승리란 무엇일까?

2018 러시아 월드컵에서 한국과 독일이 싸웠던 경기를 꼽고 싶다. 우승은 프랑스에게 돌아갔지만, 단연 한국이 화제의 주인공이었다. FIFA 랭킹 57위인 한국이 세계랭킹 1위이자 이전 월드컵의 우승국인 독일을 2대 0으로 무너뜨렸기 때문이다.

경기가 열리기 전 모두가 한국팀이 완패할 것이라고 예상했다. 한국은 독일의 맞수가 될 수 없는 서열이었다, 이미 1, 2차전에서 스웨덴과 멕시코에 패한 팀이었다. 누구나 독일의 승리를 예상했고 거기에 의문의 여지가 없었다.

그런데 경기가 0:0 무승부로 거의 끝나가고 있었다. 그 시간에 기적이 일어났다. 한국이 독일을 이긴 것이다. 그것도 전후반이 끝난 후 인저리 타임에 전광석화처럼 2골이나 넣었다. 축구 역사상 대 사건으로 기록될 만큼 기막힌 승리였다. 한국 선수와 국민들은 승리의 기쁨에 환호했고, 승리를 기대했던 독일 국민들은 경악했다. 모두가 허탈과 충격에 빠졌다.

그날 한국이 세계 1위 독일을 물리칠 수 있었던 힘은 무엇이었을까? 끝까지 포기하지 않고 희망을 가지고 최선을 다한 것이다. 그리고 마지막 기회를 잘 살린 것이다. 무승부가 거의 확정적인데도 포기하지 않았다. 집요함과 집중력으로 뭉쳐서 마지막 순간에 극적인 승리를 할 수 있었던 것이다.

카타르 월드컵대회에서 한국의 16강 진출의 극적인 드라마도 끝자락에 이루어 졌다. 거기에는 '중꺾마'(중요한건 꺾이지 않는 마음)가 있었기 때문이다.

경기가 거의 끝나갈 때, 지고 있는 팀이 시도하는 최후의 작전을 '헤일 메리 패스(Hail Mary Pass)'라고 한다. 미식축구에서 지고 있는 팀이 공을 받을 사람들을 'end zone'으로 보내놓고 쿼터백이 매우 긴 패스를 던지는 것에서 유래됐다. 극적인 역전을 기대하며 시도하는 모험인 것이다.

절망적 상황에서 기적을 바라는 시도이므로 성공확률이 매우 낮지만, 간혹 적중하여 성공하기도 한다. 그래서 지고 있던 팀 진영을 한순간에 흥분과 열광의 도가니로 만든다. 이 믿을 수 없는 극적인 역전의 순간에 부르는 만세 소리가 'Hail Mary Touchdown!'이다.

처음부터 마지막까지 아무리 경기를 잘해도 마지막 순간에 역전당하면 모두가 허사다. 반대로 시종일관 지고 있다 해도 마지막 순간에 이기게 되면 역전의 주인공이 되는 것이다.

인간의 한평생도 마찬가지다. 말년이 좋아야 아름다운 인생이 된다. 인생의 전반전이 힘들고 고달팠더라도 후반전 끝자락이 아름다우면 다 좋은 것이다.

그러므로 지금까지 성공적으로 살아왔다고 자만해서도 안 되고, 힘들었다고 절망할 필요도 없다. 진짜 인생의 승부는 마지막 판에 판가름 난다.

인생 후반전에 승패를 걸어라. 자기 자신을 스스로 돌아보고 거기에 맞는 계획과 전략을 세워라. 지금의 삶을 리모델링하라.

나이 탓하지 말고 떠오르는 착상이 있거들랑 즉시 실행해 보고 도전도 해보자. 행동이 따르지 않는 발상은 공상일 뿐이다. 21C는 변화와 기회의 시대라고 한다. 이 거대한 변화(Change)를 예측하고 도전(Challenge)할 때 기회(Chance)를 만들 수 있는 시대다. 바로 인생 후반에 챠챠챠(Cha Cha Cha) 전략으로 사는 것이다.

세상사는 시작할 때보다 마칠 때가 중요하다. 떠날 때 떠나야 하고 떠난 자리가 아름다워야 한다.

대통령도 취임할 때보다 물러날 때가 아름다워야 한다. 초반의 인기는 인기가 아니다. 마칠 때 박수를 받고 지지를 받아야 한다. 어떤 지위도 그 자리를 떠날 때 박수받아야 하고 떠난 자리가 빛나야 한다. 그래서 박수받을 때 물러날 줄도 아는 것이 삶의 지혜다.

한평생의 삶이나 부부생활 역시 인생의 마지막 장에서 얼마든지 역전 인생으로 행복하게 살 수 있다. Bravo! Hail Mary Touchdown!

05

부부의 다름은
축복이다

"매일 지지고 볶고 산다."

중년 부부들이 가장 많이 하는 말이다. 이 한마디에는
갈등과 화해를 반복하면서 사는 부부의 일상이 표현돼 있
다. 부부생활은 갈등과 문제해결의 연속이다. 세상사 사연
없는 사람이 없듯 사연 없는 부부가 어디 있겠는가.

하지만 최근에는 지지고 볶는 과정을 과감히 포기하고,

바보야, 결론은 후반전이야

인스턴트식 부부생활을 추구하는 가정이 크게 늘고 있다. 특히 20년 이상 중년 부부들의 황혼이혼 증가에 주목해야 한다.

1990년 이혼통계를 보면 황혼이혼이 전체 이혼건 중 5.2%에 불과했다. 그런데 2021년에는 39.4%로 늘어났다. 7.5배가 된 것이다. 늙어 갈수록 안전지대가 없다. 중년 이후 부부 이혼율이 4년 이하 신혼부부 이혼율을 앞질렀다.

지금은 이혼이 흠이 되는 시대가 아니다. TV에서는 황혼이혼과 졸혼까지 단골 소재로 등장하고 있다. 졸혼이 마치 황혼이혼의 대안인 것처럼 떠들기도 한다. 하지만 졸혼이나 이혼은 신중에 신중을 더해야 하는 중대한 문제다.

신던 구두가 마음에 맞지 않는다고 계속해서 새 구두를 신을 것인가? 발에 물집만 잡히고 고통만 심해질 것이다.

우선, 이혼은 당사자들뿐 아니라 자녀들에게도 엄청난 정신적 충격을 입힌다.

가장 친밀한 관계의 해체는 수명이 수년씩 단축될 정도로 어마어마한 스트레스를 받는다. 경제적으로도 큰 손실이 따른다. 가족관계가 망가질 뿐만 아니라 애써 함께 일군 가정경제가 한순간에 무너진다. 자녀는 어떤가. 부모

잘못 만나 받은 끔찍한 상처를 평생 안고 살아가야 한다.

물론 이혼을 쉽게 결정하는 사람은 없을 것이다. 모든 가정에는 갈등과 분쟁이 있다. 정도의 차이와 문제해결 방식의 차이만 있을 뿐이다. 나와 완벽하게 맞는 사람을 골라서 자신이 원하는 대로 살려면 결혼이란 제도 자체가 없어져야 한다.

서로 다르기 때문에 다투고 싸우지만, 다름은 종족보존 유지의 필수조건이다. 부모가 다를수록 건강하고 우수한 자녀가 태어난다. 다르기 때문에 서로 보완이 된다. 나와 똑같다면 발전이 없을 것이다.

또 다르기 때문에 매력이 있다. 다름이 좋아 결혼했는데 달라서 못 살겠다고 한다.

부부 사이가 평생 낭만의 레일 위만 달려갈 수는 없다. 사랑과 미움의 경계선을 달려가는 것이다. 희로애락(喜怒哀樂)이 있다. 동거동락(同居同樂)은 동고동락(同苦同落)이 되기도 한다.

둘이 살면 갈등이 있고 상처를 주고받을 수 있다. 혼자 살면 갈등이 없다. 대신 인생의 진정한 행복을 누리거나 맛볼 수 없다. 부부의 다름은 큰 축복이다.

06

나이 들어서는
남편 있는 할멈이 최고다

시류에 회자되는 은유나 농담에는 그 시대의 사회상이
나 문화가 배어 있다.

세상에 3大 불가사의가 있다고 한다. 첫째는 퇴직하고
집에 돌아온 3식이 남편을 예쁘게 봐주기다. 둘째는 결혼
한 아들을 내 아들로 만들기다. 셋째는 고인이 되었지만
앙드레 김에게 색깔 있는 옷을 입히기라고 한다. 모두가

실행하기 어려운 것들이다.

남편의 존재에 관해 떠도는 말이 있다. 남편이란 존재는 집에 두고 나오면 근심덩어리, 밖에 데리고 나오면 짐덩어리, 집에 혼자 두고 나오면 골칫덩어리, 같이 앉아 있으면 웬수덩어리라고 한다.

일본에서는 나이 든 남편을 '누레오치바((ぬれおちば, 젖은 낙엽)'라고 한다. 아내한테 딱 들러붙어 떨어질 줄 모르고 손톱으로 긁어 떼야만 떨어진다.

쓰레기통에 버릴 수도 없는 덩치 큰 폐기물이라고도 한다. 큰소리치며 살다가 힘 빠진 남편들을 떠올리며 여인들이 입가심으로 내뱉어보는 이야기들이다.

마초이즘에 상처받은 여인들이 부르는 쾌재의 소리인지도 모른다. 마초들은 달 보고 새벽에 나와서 별 보고 밤늦게 돌아올 때까지 오직 가정을 위해 평생 일해 왔다. 그러다 정년을 맞아 일터에서 집으로 돌아오면 찬밥 신세로 전락하고 만다. 은퇴가 남자들에게는 재앙이요 여자들에게는 해방이고 자유다.

부부 사이가 냉랭했거나 순탄치 못할수록 빡센 아내 눈치를 봐야 한다. 기죽고 풀 죽고 살아야 하는 참 서글픈 이야기다. 건강한 부부들의 이야기가 아니다. 극소수의 사람들은 이렇게 서글픈 삶을 살지도 모른다.

대다수 사람은 은퇴와 더불어 여행이나 여가를 즐기며 여생을 즐긴다. 보람과 가치가 있는 일을 하며 행복한 삶을 누리기도 한다. 그러나 갈등하는 부부들은 같은 공간에 있을 뿐 남남처럼 살아간다. 감정의 교감이 없다. 집이라는 한 공간에 머무르고 있을 뿐이다.

눈을 맞추거나 마음으로 만남도 없다. 피부로 만나는 것도 없다. 마치 '결혼한 독신'처럼 남남으로 살아가는 것이다. 통계에 의하면 장수 시대에는 부부관계가 좋은 사람들일수록 인생의 전체 만족도가 높은 것으로 나와 있다.

노후의 행복은 부부관계에 달려 있다. 나이 들어서는 자녀의 부양보다는 배우자의 유무가 더 중요하다. 질병이나 치매 위험도 줄어든다. 배우자가 있는 것이 정서적으로 안정되고 건강에도 도움이 된다. 자식들한테 배반을 많이 당하면 당할수록 그제야 부부가 손을 잡고 "당신밖에 없어"라고 한다.

부부 사랑이란 항상 꿀단지 속에만 머무르는 것이 아니다.

갈등은 모든 사람에게 일반적인 것이다. 부부는 심하게

다투거나 싸웠다가도 언제 싸웠냐는 듯이 풀린다. 그래서 부부싸움은 칼로 물 베기라고 한다.

만일 부부 싸움하는 식으로 이웃 아주머니와 두 번만 싸워도 그 이웃과는 철천지원수가 될 것이다. 나는 이웃과 한 번도 싸운 일이 없다. 그러니 정 들 일도 없다. 싸우면서 정드는 게 부부다.

갈등하던 부부들도 희수(77세)를 지나 미수(88세)가 되면 미움이나 갈등은 사라진다고 한다. 철들 때까지 참고 살아준 것이 고맙다. 그동안 잘못했던 것, 고생시킨 것도 미안하다.

서로 푹 꺼진 눈이며 주름진 얼굴을 바라보면 측은한 마음이 앞선다. 이제는 고마운 정, 불쌍히 여기는 긍휼지심으로 바라보게 된다. 그렇게 연민의 정으로 서로 의지하며 살아가는 게 나이 든 부부들이다.

심각한 것이 아닌 소소한 것으로 갈등하는 부부들이여! 악착같이 90세까지 살아보라. 그러면 모든 갈등이나 문제가 사라질 것이다. 상처도 갈등도 다 잊어버리고 부부밖에 없다는 것을 알게 될 것이다.

바보야, 결론은 후반전이야

그리고 인생 후반전을 살고 있는 마님들아! 귀 있는 자는 들어라! 나이 들어서는 무엇보다도 영감 있는 할멈이 최고라는 사실을.

07

바보야,
결론은 후반전이야(1)

정말 어리석은 자는 자기가 어리석은지 모른다. 정신질
환자도 마찬가지이다. 우리의 일상이 그럴 수도 있다. 잘
못된 삶을 살면서도 실상을 모르는 것이다. 황금 방석에
앉아 살면서도 거지같이 살 수 있는 것이다. 연극에서 클
라이맥스는 항상 후반부에 있다. 소설이나 영화에서도 마
무리는 Happy Ending으로 끝나야 좋다. 마지막 장면이

아름답고 행복하면 전체가 행복한 것이다. 운동경기에서도 끝자락의 스코어가 중요하다.

인간의 삶도 마찬가지다. 희로애락이 실린 한평생이었더라도 끝자락이 행복하다면 성공한 삶이다. 삶의 마지막이 아름다워야 한다. 요체는 '지금까지'가 아니라 '지금부터'이다. 최종의 승패는 지금부터로부터 판가름 나기 때문이다.

미국 역사상 최고 지독한 구두쇠가 있다. H.그린이란 사람으로 1916년에 사망했다. 가스값 아끼겠다고 냉방에서 살고 평생 오트밀만 먹고 살았다. 아들 다리에 상처가 났는데 치료비 아끼려고 머무적거리며 계속 미루다가 결국 실기하고 나서야 다리를 절단해야만 했다. 죽을 때 통장에 1억 달러(1,200억 원)가 남아 있었다. 그런데 극빈자같이 살았다. 바보 같은 삶을 산 것이다. 아니 어리석은 바보인 것이다.

위대한 인생을 산 사람들은 하나같이 나누고 베풀고 주고 간 사람들이다. 성을 쌓고 모으기만 했지, 베풀 줄 모르는 사람들이 있다. 쓸 줄도 모른다. 사용되지 않는 재산은 재산이 아니다. 유산일 뿐이다. 재산가로 살 것인가? 유산가로 살 것인가?

가진 재산도 재능도 다 쓰고 가는 게 미덕이다. 부자로 사는 것은 축복이다. 그러나 부자로 죽는 실패한 삶을 살 수 있다. 죽을 때 최고의 부를 가지고 있다면 무슨 의미가 있을까?

가진 재산에 걸맞지 않게 좀팽이같이 사는 사람도 많다. 금방석 위에 흉물 같다. 인생의 끝자락 삼사분기를 살고 있거나 어떤 분들은 마지막 장에 가까운 사람들이다. 그런데 사회적 봉사나 나눔과는 거리가 멀다. 노블레스 오블리주를 모른다. 이타적 삶의 축복을 모른다. 나밖에 모른다. 돈의 소유자가 아니라 돈의 소속으로 푼수를 모르고 사는 불쌍한 사람들이다.

지금까지 성공했다고 자만해서도 안 되고, 힘들다고 해서 절망할 필요도 없다. 진짜 인생의 승부는 마지막 판에 판가름이 난다. 핵심은 과거의 훌륭함이 아니라 지금부터의 삶이다.

인생 후반전에 승패를 걸어라. 자기 자신을 스스로 돌아보고 거기에 맞는 계획과 전략을 세워라. 삶을 리디자인하고 리모델링해라.

인생의 전반전이 아무리 힘들고 고달팠더라도 후반전이

아름다우면 다 좋은 것이다. 결론은 끝자락 후반전의 삶이다. 그러므로 지금까지 성공적으로 살았더라도 후반전이 불행하다면 비극이다. 소설과 연극, 영화에서도 클라이맥스는 후반전에 있다. 셰익스피어의 희곡에 『끝이 좋아야 다 좋다(All's Well That Ends Well)』가 있다. 독일 속담에도 "Ende gut, alles gut(끝이 좋으면 다 좋다)"가 있다.

Happy Ending, "바보야, 결론은 후반전이야!"

08

바보야,
결론은 후반전이야(2)

　내가 아는 1,000억 원대 건물을 2채 가지고 있는 독거 노인이 있다. 그런데도 그는 여전히 빈 박스며 폐기물들을 모아서 건물 계단 밑 한 모퉁이에 쌓아놓고 구걸스럽게 살고 있다. 너무도 남루하고 궁상스럽게 살고 있더니 얼마 전 세상을 떠났다. 가히 정신병적이다. 자기 푼수를 몰라도 너무나 모른 것이다.

내 주위에도 비슷하게 살아가는 바보들의 사례가 비일 비재하다. 세상적으로 성공한 분들이고 물질적으로 많은 축성을 한 사람들인데도 그렇다.

인생의 결국은 누구나 한 움큼 부토로 돌아간다. 내 생애의 시침은 어디에 있는가? 내 인생 수명의 잔고는 얼마나 남았을까? 재산의 잔고는 얼마나 있는가? 소유한 재산을 살아있는 동안 어떻게 쓰고 관리할 것인가? 살아있을 때 얼마나 쓰고 갈 수 있을까? 내 인생을 꺼내 한번 성찰해 보고 곱씹어 보자.

How can I spend the last chapter of my life? 마지막 장을 어떻게 살까? 소유한 재산을 수명잔고 N분의 1로 나누어 보자. 거기에 알맞게 쓰며 살고 있는가? 아닐까? 자기 수준에 알맞게 사용하고 있는 사람은 극히 드물다. 모두가 올바로 쓸 줄을 모르고 바보같이 살고 있는 것이다. 바보들의 행렬을 보는 것 같다. 필자인 나도 때때로 그런 부류에 속한 바보라고 되뇌어 보지만 어떤 면에서 바보의 범주를 벗어나지 못하고 있다.

그런가 하면 많은 축성을 해서 정말 가치 있게 물질을 사용하고 있는 훌륭한 사람들이 내 주위에 여러 명 있다. 본받고 싶고 존경스럽고 자랑스러운 분들이다.

사회적 공헌으로 효용가치가 있는 곳을 선별해서 쓰는 것이다. 돈 쓰고도 바보가 될 수 있다. 꼭 필요한 곳에 현명한 소비, 현명한 지출, 아름다운 베풂이 있다. 나이 들어서는 베풀어라. 나이가 든 사람에게는 기부나 봉사나 섬김이 있어야 한다. 품위 유지비도 지불해야 한다. 특히 기부는 어딘가에 기여하고 무언가를 만드는 생산성과 연결되기 때문에 내면의 충족감과 희열을 느끼게 한다. 마지막을 잘 사는 것은 가진 재물을 필요한 곳에 잘 쓰는 것이다.

"Helper's High"라는 말이 있다. 정신의학적 용어로 다른 사람을 도와주었을 때 느끼게 되는 행복감이나 만족감에 따른 활력이다. 남을 돕게 되거나 자선을 베풀 때 정서적으로 높은 수준의 행복감, 포만감에 도취될 뿐만 아니라 신체적으로도 건강에 긍정적 반응을 일으킨다.

순수하게 베푼 자선이나 봉사의 울림이 감사로 되돌아올 때 몸에 유익한 호르몬(엔도르핀, 세로토닌, 도파민, 다이노르핀 등)이 나온다. 그래서 면역력이 강화되고 암세포는 물론 악성 질병까지도 치유되고 건강해지는 것이다. 죽음 직전까지 갔던 사람들이 Helper's High 효과로 정신적 포만감이 며칠이나 몇 주 동안 계속되면서 유익한 호르몬이 3배 이상 분

바보야, 결론은 후반전이야

출됨으로 활력이 넘치고 질병에서 치유된 기적적 사례가 많다. 세계적 부호 록펠러도 그렇다.

인생 끝자락이 아름답거나 보람이 있고 행복하다면 성공한 인생이다. 부부생활 역시 인생의 마지막 장이 행복해야 한다. Bravo. Hail marry touch down. Happy Ending, "바보야, 결론은 후반전이야!"

09

바보야,
결론은 후반전이야(3)

미국의 세기적 대부호 록펠러 1세가 있다. 그는 피도 눈물도 없이 무자비할 정도로 타 기업을 흡수 통합하며 돈을 번 악덕 기업가였다. 농산물 매매로 시작하며 33세에 백만장자가 되었고 43세에 미국 최대 재벌회사로 스탠더드 오일 회사를 경영했다. 미국에서 생산되는 석유의 95%를 독점했고 계속해서 철광, 철도, 광산, 금융 등을 마구잡이로

흡수해 거대 공룡기업이 되었다. 하지만 55세 되던 때 '알로페시아(alopecia)'라는 탈모증과 비슷한 암에 걸려 1년 시한부 인생을 통고받았고 실의에 빠져 절망하게 되었다.

그때 기도의 후원자였던 어머니의 "아들아, 곧 세상을 떠날 텐데 마음껏 하나님께 바치고 자선사업이나 하다가 가거라"라는 말씀에 따라 자선사업을 하게 되었다.

입원하기 위해 휠체어를 탄 채 병원 입구에 들어서다 병원 로비에 걸린 액자를 보았다.

"주는 자가 받는 자보다 복이 있다(It is more blessed to give than to receive)"라는 말에 찔림과 자극을 받았고 그 말이 큰 도전이 되었다. 마침 그때 입원비가 없어 어려움을 겪는 소녀를 비서를 시켜 도와주었다. 그 소녀가 깨끗이 회복되고 감사하는 모습을 바라보면서 "나는 살면서 이렇게 행복한 삶이 있는 줄 몰랐다"라고 했다. 그 후 기부와 자선사업을 확대해 나가면서 병세가 급격히 호전되어 일 년이 아니라 99세까지 장수를 하게 되었다.

인생 전반전에 오직 돈 벌고 사업을 확장해 가는 것만이 전부였기에 수단 방법을 가리지 않은 지독한 상인 정신으로 악덕 기업인이라는 소리가 자자했다. 그러나 1년 시한

부 생명이라는 통고 앞에서 회심의 전기를 맞이하게 됐고 자기성찰을 하고 자기 푼수를 알게 된 것이다.

전반부 삶과 달리 후반부에서는 경영은 후계자들에 맡기고 사회적 기여와 책무에 매달렸다. 6,000만 달러를 출연하여 시카고 대학을 설립하였고, 그 외에도 100만 평이 넘는 **종합대학을 12개나 세웠다.** 수십 개의 연구소와 의료 협력 기관, 박물관, 문화시설 등을 세워 기증했다. 의료분야만 보아도 수많은 병원 외에도 그의 도움으로 페니실린과 말라리아와 디프테리아 등의 많은 치료제가 개발되었다.

뉴욕 중심가 3만 평 부지에 록펠러 센터로 19개 동의 고층 건물을 세웠고, 교회만 해도 N.Y. 리버사이드 교회를 비롯하여 무려 **4,982개의 교회를 세웠다.** 철저하게 십일조 생활을 했고 십일조 관리를 전담하는 직원만도 40여 명에 이르렀다. 도움을 받은 사람들이 감사하는 것을 보고 그것을 볼 때마다 말할 수 없는 희열과 보람을 느꼈다.

흔히들 사람이 마음이 변하면 죽는다고 하나 그는 마음이 변하여 오히려 죽음에서 살아나 장수까지 하게 되었고, 전반부의 악평이 변하여 후반에 호평을 받게 된 사람이 되었다. 그렇게 인색하고 악명이 높았던 전반전의 삶이 변하여 후반전은 보람 있고 사회에 크게 기여하는 구제와 자선 사업가로서 성공적 삶을 산 것이다. 더불어 사는 아름다운 세상을 만드는 데 불후의 공적을 남겼다.

그렇게 돈이란 번 만큼 행복해지는 것이 아니라 써야만 행복해지고 즐거워진다는 것을 터득한 것이다. 돈을 버는 기쁨이 10이었다면 돈을 베푸는 기쁨은 1,000이고 10,000이며 받는 기쁨이 1이라면 주는 기쁨은 만 배, 십만 배라고 고백하며 즐거움과 보람과 행복이 가득한 인생 후반전을 아름답게 살았다. 전반과 달리 후반에는 사업의 욕망을 채워가는 것이 아니라 보람과 가치와 이타적 삶으로 채워갔다.

성장과 성취의 젊음도 아름답지만 비우고 내려놓는 노년은 더더욱 아름답다.

인생의 진정한 행복은 소유나 승리나 성공이 아니라 내면의 성숙과 조화에 있다. 돈으로 환산할 수 없는 것들이다. 인생의 평가는 삶을 마감하는 마지막 장을 보면 확연히 구분되어진다.

Happy Ending, "바보야, 결론은 후반전이야!"

10

바보야,
결론은 후반전이야(4)

　스포츠나 인생에서 마지막 장이 중요하다. 인생은 장거리 달리기와 같다. 출발이 어떠했느냐가 중요한 것이 아니다. 종착점이 어디고 어디서 어떤 모습으로 내리느냐가 더더욱 중요하다. 피날레가 좋아야 한다.

"마지막에 웃는 자가 가장 잘 웃는 자이다" 우리말에도 '유종의 미'라는 같은 표현이 있는 걸 보면 마무리의 중요성은 동서양을 가리지 않는 것 같다.

마지막에 웃는 자가 되려면 끝까지 포기하지 말아야 한다. 그동안 잘 살아왔다면 페이스를 유지해야 할 것이고, 그동안 살아온 삶이 마음에 들지 않는다면 변신해야 한다.

아무런 삶의 변화 없이 연장된 삶을 누린다면 그것은 좀더 오래 사는 것이 아니다. 좀 더 오랜 기간에 걸쳐 죽어가는 것이다. 다행히 100세 시대가 되면서 승패를 바꿀 수 있는 역전의 기회가 늘었다. 인생 전반전이 좀 부실했더라도 후반전이 늘어났으니 기대를 가지고 도전해 보자.

우리 인생에 가장 좋은 것은 아직 오지 않았다. 지금 살고 있는 이 순간이 내 인생의 최고 황금기다. 내 인생의 최고 절정기도 지금 이후에 있다. 10년 후에 후회할 것이 아니라 지금 시작해야 한다. '늙음'이란 '젊음'이 끝난 후 특정 시점에서 시작되는 것이 아니다. 육체나 나이의 나이테를 세지 말고 도전과 경륜의 나이테를 만들어 가자. 연륜 있는 나무가 수십 겹의 나이테를 이루듯 공력의 나이테가 알차게 한 겹 한 겹 늘어 갈 것이다. 인생 최대 실패는 나는

안돼라며 너무 일찍 자포자기 하는 것이다. 과업 앞에 포기 없이 끝까지 최선을 다하는 것이다. 극적인 역전은 언저리 타임에 이루어진다. '중꺾마'로 최선을 다 했을 때 감동은 더더욱 커진다.

소유물들이 나보다 이 세상에 오래 남아 있어야 할 이유가 없다. 가지고 있는 모든 것들은 자신을 위해 사랑하는 사람들을 위해 나아가 사회를 위해 쓰도록 주어진 자원이다. 빈손으로 왔으니 빈손으로 가는 데 홀가분함이 있다.

세상 부귀영화와 모든 것을 누렸던 전도서 기자도 모든 것이 헛되고 헛되니 헛되다고 말했다. 오직 쓰고 간 재산만이 내 재산일 뿐이다. 얼마나 가졌느냐보다 얼마나 가치 있게 썼느냐가 중요하다.

돈을 가지고도 못 쓰는 사람은 실존적으로 가장 가난한 사람이다. 돈이 없어서가 아니다. 있어도 못 쓰는 불쌍한 사람들이다. 가지고도 가난하게 사는 그런 사람을 실버푸어(Silver Poor)라고 한다.

돈을 제대로 관리할 줄 아는 선한 청지기야말로 일출보다 일몰이 더 아름다운 사람들이다. 노블레스 오블리주를 실천하는 멋진 사람들이다. **구제나 자선은 돈의 소유의 문**

제가 아니라 마음과 정성인 것이고 사랑의 문제이다. 남을 위해 돈을 쓸 줄 아는 사람이 시대의 현자들이다. 이런 사람을 골드실버(Gold Silver)라고 한다.

그 돈 있는 실버 싱글 중에도 돈을 쓸 줄 아는 멋있는 사람들이 있다. 베풀 줄을 아는 아름다운 삶, 이런 사람들이야말로 마음에도 건강에도 꽃단장을 하는 골드실버(Gold Silver)이고 골드솔로(Gold Solo)이기도 하다.

인생 끝자락 멋있게 쓸 줄 아는 Gold Silver가 될 것인가? Silver Poor가 될 것인가? 잘 쓰고 죽는 자가 복이 있나니 저가 부자요, 복 있는 자라 칭함을 들으리라. 마지막에 웃는 자가 승리자이다. 인생살이나 부부생활 역시 인생의 마지막 장이 가장 중요하다.

내일이 나의 삶이 아닐 수 있다. 세월은 인간에게 아첨하지 않는다. 때가 되면 누구든 떠나야 한다. 미래라는 시간은 노년에게 담보된 시간이 아니다. 기회가 주어졌을 때 제대로 쓰자. 인생의 끝자락이 아름다운 사람이 최후의 승자다.

인생은 어디서 왔다가 어디로 가는가? 사람이라면 한

번쯤 가져봐야 하는 원초적 질문이다. 이것은 창조주를 알때까지 풀리지 않는 비밀이고 수수께끼다. 여행이 돌아갈집이 있는 자에게는 바캉스이지만 돌아갈 집이 없는 자에게는 방랑일 뿐이다.

인생무상 후반전과 연장전도 다 끝나고 승부차기까지도끝난 후에 돌아갈 영원한 집 – 그대는 그 본향을 가졌는가?

Happy Ending, "바보야, 결론은 후반전이야!"

바보야, 결론은 후반전이야

11
쓰죽회
– 몽땅 쓰고 죽어라

인생은 채워 감으로 시작해서 비움으로 마치는 것이다. 그래서 젊어서는 소유가 중요하나 늙어서는 공유가 미덕일 수 있다. 사랑의 손길을 베푸는 것은 소유했기 때문이 아니라 관심으로부터 시작된다.

성을 쌓고 모으기만 했지, 베풀 줄 모르는 사람들이 있다.

쓸 줄도 모른다. 사용되지 않는 재산은 재산이 아니다. 쓰면 재산이고 남기면 유산이다. 자산가로 살 것인가? 유산가가 될 것인가?

〈쓰죽회〉라는 모임이 있다. 가진 것 다 쓰고 죽자는 취지로 모인 사람들이다. 재산도 재능도 다 쓰고 여한 없이 가자는 것이다. 대부분의 사람들은 가진 돈을 다 쓰지 못하고 죽는다. 요새는 〈반죽회〉라는 모임도 생겼다.

일본의 어느 마을 이야기다. 은퇴자들이 정년퇴직할 때는 평균 자산이 25만 달러였다. 그런데 죽을 때는 평균 자산이 37만 달러가 되었다고 한다. 돈을 움켜쥐고 안 쓰고 불리기만 한 것이다. 돈을 가진 세대가 돈을 모으기만 했지, 쓸 줄을 모른다. 그들 인생을 통틀어 가장 부자가 된 시기가 죽을 때다.

가진 재산 다 쓰고 가는 것이 미덕이다. 부자로 사는 것은 축복이다. 그러나 부자로 죽는 것은 부끄러운 일일 수 있다. 죽을 때 최고의 부를 가지고 있다 해도 무슨 의미가 있을까?

미국의 철강 재벌 카네기도 "부자로 사는 것은 자랑스

러운 것이지만 부자인 채로 죽는 것은 정말 부끄러운 일이다"라고 말했다.

나이 들어서는 베풀라. 나이가 들어갈수록 품위 유지비가 필요하다. 젊어서는 모으는 것이 미덕이었다면 늙어서는 베푸는 것이 미덕이다. 돈을 버는 것이 기술이라면 잘 쓰는 것은 예술이다. 적게 기대하고 많이 베푸는 것이 나이듦의 품격이고 지혜다.

죽은 다음에는 어차피 돈이 필요 없다. 수의에는 주머니가 없다. 가지고 갈 수도 없고 필요도 없는데 왜 움켜쥔 채 죽어야 하는가. 고작 70~80 평생에 희로애락을 싣고 아웅다웅 다투다가 한 움큼 부토로 돌아가는 것이 인생이다. 전도서에도 "헛되고 헛되며 헛되고 헛되니 모든 것이 헛되도다"라는 구절이 있다.

돈을 가지고도 못 쓰는 사람은 실존적으로 가장 가난한 사람이다. 돈이 없어서가 아니다. 있어도 못 쓰는 불쌍한 사람들이다.

후회는 항상 늦게 오는 법이다. 인생의 장막을 내려놓아야 하는 순간 마지막 숨결로 죽음이 다가오고 있을 때 가장 후회막급한 것들이 있다.

그것은 가지고 있으면서도 좀 더 쓰거나 섬기지도 못하고, 보다 더 너그럽게 베풀거나 나누지도 못한 것들이다. 거기에 더 아쉬워하는 것은 가정에서 남편, 아내 노릇, 아버지 엄마 노릇, 아들 역할 제대로 못 한 후회와 미안함과 회한과 통곡이 있다.

내년이 내 것이 아닐 수도 있다. 기회가 주어졌을 때 제대로 쓰고 베풀자. 인생의 끝자락이 아름다운 사람이 최후의 승자다.

인생을 멋있게 살아가는 아름다운 실버들이여, 인생 후반전을 더더욱 행복하고 아름답게 마무리하자.

두상달·김영숙의
인생후반전 20개 수칙

01. **은퇴나 노후 준비는 빠를수록 좋다. 후회는 항상 늦게 온다.**

02. **역할이나 과업을 가져라** 꿈과 할 일도 있고 가능하면 반은퇴 해라.

03. **도전해라** 자기개발도 하고 디지털이나 새로운 지식도 배워라.

04. **가슴 뛰는 일, 즐겁고 행복한 일을 해라** 오늘을 살고 즐겨라.

05. **매사에 감사해라** 감사에 긍정적으로 살고 항상 희망을 노래하라.

06. **Sold(Smart + Old)족으로 살아라** 외모나 의상 등 자기관리를 해라.

07. **기대지수를 낮춰라** 자녀나 사회에 대한 기대를 줄여라.

08. **말수를 줄여라** 잘난체, 자뻑하지 말고, 말은 짧게 하고 경청해라.

09. **왕년이야기 하지 마라** 지난 옛날이야기 2판, 3판, 돌리지 마라.

10. **끼어들지 마라** 주제를 파악해라, 필요 없는 참견은 금물이다.

11. **품위를 지켜라** 낄 곳, 갈 자리, 안 갈 자리를 구분해라.

12. **청결을 유지해라** 목욕 자주 해라, 냄새나면 손주가 안 온다.

13. **재테크보다 관계테크 해라** 가족이나 친구가 있어야 한다.

14. **베풀고 써라** 지갑을 열어라. 돈도 재능도 아낌없이 사용해라.

15. **少食多步 少怒多笑** 적게 먹고 많이 걷고 많이 웃어라.

16. **노후 자금은 철저히 자부담해야 한다** 자녀한테도 손 안 벌린다.

17. **아내가 왕이다** 아내 말씀에 토 달지 말고 이기려 하지도 마라.

18. **노욕을 버려라** 노추해진다. 욕심과 아집과 집착을 버려라.

19. **가사 일을 분담해라** 요리, 설거지, 청소는 필수다. 같이해야 한다.

20. **신앙을 가져라** 삶과 죽음에 임하는 자세가 다르다.

100세 시대, 인생 후반전을 준비하는 사람에게
꼭 필요한 행복 노년 지침서!

권선복
도서출판 행복에너지 대표이사

'100세 시대'는 더 이상 단순 예측이 아니라 현실입니다. 2020년 기준으로 대한민국 국민의 평균 수명은 남성 80.5세, 여성 86.5세에 달하여 우리는 이미 오래 살아야 하는 시대를 살아가고 있습니다.

하지만 '오래 삶 = 행복'은 아닙니다. 이 책의 저자 (사)가 정문화원 두상달 이사장님이 여러 번 강조했듯 '얼마나' 사느냐가 아니라 '어떻게' 사느냐가 중요한 것이고, 은퇴와 장수가 '재앙'이 아닌 '축복'이 되려면 무엇보다 '준비'가 필요합니다. 즉 인생의 후반전을 어떻게 준비하고 어떻게 사느냐에 따라 내 삶의 질이 달라지는 것입니다.

두 이사장님을 만나 뵐 때면 괴테의 말이 저절로 떠오릅니다.

"무언가 큰일을 성취하려고 한다면, 나이를 먹어도 청년이 되지 않으면 안 된다."

바보야, 결론은 후반전이야

영원한 청년이라 할 만큼 무한한 에너지와 끊임없는 열정, 그리고 미래를 내다보는 혜안에 그저 존경과 감탄사만 새어 나옵니다. 더불어 두 이사장님은 아내 (사)가정문화원 김영숙 원장님과 함께 국내1호 부부강사로서 건강한 가정, 행복한 부부를 주제로 한 강연을 통해 많은 부부들에게 큰 호응을 받고 있습니다.

이 책 『바보야, 결론은 후반전이야』는 자기 계발과 경제적 여유로 대표되는 노후 대비와는 다른 관점에서 중요한 노후 대비 포인트를 제공합니다.

사람은 그 누구도 혼자 살아갈 수 없으며, 생활의 기본이 되는 가정을 든든하게 지탱해 온 '반려자'야말로 자신의 노후를 좌지우지할 수 있는 존재임에도 불구하고, 많은 사람이 그것을 간과한다는 사실을 예리하게 지적합니다.

저자는 이 책을 통해 남성과 여성이 서로의 타고난 차이를 이해하고, 서로가 서로에게 세상에서 가장 중요한 존재라는 사실을 받아들일 수 있도록 돕는 것과 동시에, 현실이 된 장수시대를 오랫동안 함께 살아가기 위해 부부가 서로를 존중하는 건강한 소통의 방법을 제시합니다.

100세 시대, 인생 후반전을 준비하는 사람에게 현명한 노후 대책을 제시하는 이 책 『바보야, 결론은 후반전이야』를 통해 보다 많은 분들이 행복한 인생 후반전을 경영하시기를 소망하며, 이 책을 읽는 독자 여러분 모두에게 행복과 긍정 에너지가 팡팡팡 샘솟기를 기원 드립니다.

'행복에너지'의 해피 대한민국 프로젝트!

〈모교 책 보내기 운동 〈군부대 책 보내기 운동〉

한 권의 책은 한 사람의 인생을 바꾸는 힘을 가지고 있습니다. 한 사람의 인생이 바뀌면 한 나라의 국운이 바뀝니다. 그럼에도 불구하고 많은 학교의 도서관이 가난하며 나라를 지키는 군인들은 사회와 단절되어 자기계발을 하기 어렵습니다. 저희 행복에너지에서는 베스트셀러와 각종 기관에서 우수도서로 선정된 도서를 중심으로 〈모교 책 보내기 운동〉과 〈군부대 책 보내기 운동〉을 펼치고 있습니다. 책을 제공해 주시면 수요기관에서 감사장과 함께 기부금 영수증을 받을 수 있어 좋은 일에 따르는 적절한 세액 공제의 혜택도 뒤따르게 됩니다. 대한민국의 미래, 젊은이들에게 좋은 책을 보내주십시오. 독자 여러분의 자랑스러운 모교와 군부대에 보내진 한 권의 책은 더 크게 성장할 대한민국의 발판이 될 것입니다.